Schriften
des
Vereins für Sozialpolitik.

Deutsche Zahlungsbilanz und Stabilisierungsfrage.

Im Auftrage des Vereins
veranstaltet von
Karl Diehl und Felix Somary.

167. Band.

Probleme der deutschen Zahlungsbilanz.

Herausgegeben von M. J. Bonn.

Erster Teil.

Beiträge von R. Meerwarth, Wilhelm Kißkalt und
B. Karlsberg.

Verlag von Duncker & Humblot.
München und Leipzig 1924.

Probleme der deutschen Zahlungsbilanz.

Mit Beiträgen

von

Rudolf Meerwarth, Wilhelm Kißkalt und
B. Karlsberg.

Verlag von Duncker & Humblot.
München und Leipzig 1924.

Alle Rechte vorbehalten.

Altenburg
Pierersche Hofbuchdruckerei
Stephan Geibel & Co.

Inhalt.

		Seite
I.	Über die deutsche Zahlungsbilanz. Von Professor Dr. Rudolf Meerwarth	1
II.	Privatversicherung und deutsche Zahlungsbilanz. Von Wilhelm Kißkalt	33
III.	Der Einfluß der Seeschiffahrt auf Deutschlands Zahlungsbilanz seit Beendigung des Krieges. Von Dr. B. Karlsberg	47

Über die deutsche Zahlungsbilanz.

Von

Professor Dr. Rudolf Meerwarth.

Inhalt.

		Seite
A.	Die deutsche Zahlungsbilanz vor dem Kriege.	3
B.	Bemerkungen über die deutsche Zahlungsbilanz während des Krieges und nach dem Kriege.	16
C.	Bemerkungen über die zukünftige Gestaltung der deutschen Zahlungsbilanz	30

A. Die deutsche Zahlungsbilanz vor dem Kriege.

Man kann vom Standpunkt der internationalen Wirtschaftsbeziehungen aus die Länder in Gläubigerländer und in Schuldnerländer gliedern. In den Gläubigerländern ist ein überflüssiges Angebot von Leihkapital verfügbar, das im Ausland untergebracht wird; in den Schuldnerländern ist die Kapitalnachfrage, die daheim nicht befriedigt werden kann, auf das Ausland angewiesen[1].

Das Deutschland der Vorkriegszeit war ein Gläubigerland. Deutsches Kapital war vor dem Kriege in großem Umfange im Ausland werbend angelegt; es brachte alljährlich erhebliche Beträge an Zinsen und Gewinnen ein. Diese alljährlich eingehenden Erträge konnten entweder von neuem im Ausland oder im Inland werbend angelegt oder auch im Inland oder Ausland konsumiert werden. Die deutsche Volkswirtschaft der Vorkriegszeit kann ohne eine Berücksichtigung ihrer Gläubigerstellung und der jährlich eingehenden Erträge nicht verstanden werden. „Waren aller Art, produktive Aufbaumittel, Halbfabrikate, Rohstoffe und Nahrungsmittel konnten in diesen Beträgen über die getätigte Ausfuhr hinaus früher aus der Welt aufgesogen und als andauernde Befruchtungselemente zunächst in das deutsche, dann aber von daher auch in das gesamte übrige mitteleuropäische Gebiet ein- und übergeführt werden. Das war der große Blutstrom, der dem mitteleuropäischen Auftrieb in den letzten Jahrzehnten vor dem Kriege die wesentliche Stärke gab. Er vor allem schuf die Neuinvestitionen, die gesteigerte Produktivität, die erhöhte Arbeit, die produktiven Kapitalanlagen und allgemeine Förderung des ganzen europäischen Zentrums."[2]

---

[1] Vgl. von Wieser: Theorie der gesellschaftlichen Wirtschaft, erschienen im Grundriß der Sozialökonomik, I. Abteilung, S. 439. Tübingen 1914.

[2] Vgl. den Aufsatz von Alfred Weber über „Deutschlands finanzielle Leistungsfähigkeit jetzt und künftig", erschienen im Archiv für Sozialwissenschaft und Sozialpolitik. 49. Band. Tübingen 1922. S. 271.

In welchem Umfang war das Deutschland der Vorkriegszeit Gläubigerland? Wie hoch war der Betrag der Kapitalien, die Deutschland im Ausland untergebracht hatte?

Wenn von den deutschen Kapitalanlagen im Ausland die Rede ist, so ist zu unterscheiden zwischen dem deutschen Besitz an ausländischen Effekten und den Deutschen gehörenden und von ihnen selbst oder ihren Vertretern betriebenen Unternehmungen.

Über die Höhe des deutschen Besitzes an ausländischen Effekten in der Vorkriegszeit sind mehrere Schätzungen aufgestellt worden. Die im Jahre 1905 erschienene Denkschrift des Reichsmarineamts über „die Entwicklung der deutschen Seeinteressen im letzten Jahrzehnt" bewertete Deutschlands Besitz an ausländischen Effekten „eher ganz erheblich über als unter 16 Milliarden Mark". Um für die folgenden Jahre Angaben über die von Deutschland neu aufgenommenen fremden Effekten zu erhalten, hat man die Ergebnisse der sogenannten Effektenstempelstatistik herangezogen. Das ist diejenige zahlenmäßige Zusammenstellung, welche die Neuanlagen in ausländischen Wertpapieren nach den Stempelbeträgen, die für sie entrichtet werden müssen, errechnet. Auf Grund dieser Unterlagen gelangt man zu dem Ergebnis, daß seit dem 1. April 1905 bis zum Kriegsausbruch 4,680 Milliarden Mark ausländische Werte neu erworben worden sind[1].

Helfferich hat nun in seinem Buch „Deutschlands Volkswohlstand 1888—1913" mit Recht darauf hingewiesen, daß den Neuemissionen ausländischer Werte in Deutschland erhebliche Abgänge infolge von Rückzahlungen und Rückkäufen des Auslands gegenüberstanden; er betont, daß insbesondere in den letzten Jahren vor dem Kriege der gewaltige inländische Kapitalbedarf für industrielle und öffentliche Zwecke die Neuinvestierungen im Ausland erheblich beschränkt hat. Auf der andern Seite wurden von Deutschen auch eine große Zahl von fremden Effekten im Ausland gekauft und dort belassen; diese Effekten entgingen natürlich der deutschen Effektenstempelstatistik. Ob nun die im Besitz von Deutschen befindlichen, aber im Ausland belassenen Beträge

---

[1] Vgl. den Aufsatz und die Berechnungen von H. David, „Das deutsche Auslandskapital und seine Wiederherstellung nach dem Kriege", erschienen im Weltwirtschaftlichen Archiv, 14. Band (1919/I), Jena 1919, insbesondere S. 33 ff., ferner die Aufsatzreihe von Arndt, „Neue Beiträge zur Frage der Kapitalanlage im Ausland", Zeitschrift für Sozialwissenschaft. Neue Folge. IV. Jahrgang. 1915. S. 445 ff.

an fremden Wertpapieren größer gewesen sind als die vorhin berührten Beträge der Verkäufe und Rückzahlungen, wie beispielsweise Arndt annimmt, ist unsicher. Geht man von dieser Annahme aus, so dürfte der deutsche Besitz an fremden Effekten bei Ausbruch des Krieges höchstens 20—21 Milliarden Mark betragen haben.

Von dieser Schätzung weicht nicht allzusehr eine Angabe ab, die in der Zeitschrift des Statistischen Reichsamts „Wirtschaft und Statistik" (3. Jahrgang, Nr. 2, S. 64) wiedergegeben ist. Diese Angabe nimmt die Anmeldung von ausländischen Wertpapieren bei der Reichsbank vom August 1916 zum Ausgangspunkt. Das Nominalkapital der angemeldeten Papiere betrug damals 16 248 Millionen Mark. Der Abstrom an ausländischen Papieren vom August 1914 bis zum August 1916 wurde von Lansburgh in der „Bank" (Jahrgang 1916, S. 812) auf rund 2 Milliarden Mark geschätzt. Danach wäre bei Kriegsausbruch ein in ausländischen Wertpapieren angelegtes Nominalkapital von rund 18 Milliarden Mark vorhanden gewesen. Zu dieser Summe ist der bereits erwähnte Zuschlag zu machen, der diejenigen fremden Effekten betrifft, die im Ausland belassen worden sind.

Die Kapitalanlage im Ausland kann nun aber auch so erfolgen, daß deutsche Unternehmer als Kaufleute, Bankiers, Besitzer von Landgütern, Bergwerken, Plantagen, Industrien, Schiffen im Ausland Geschäfte betreiben mit eigenem oder in Deutschland geliehenem Kapital; zu ihnen gehören auch die Gesellschaften, die in Deutschland ihren Sitz haben und mit ausländischen Filialen arbeiten[1].

Die Gesamtsumme der deutschen Kapitalanlagen im Ausland einschließlich der Kapitalien der Auslanddeutschen, jedoch ausschließlich der fremden Effekten, wird für die Zeit vor Kriegsausbruch nach recht unsicheren Schätzungen auf über 10 Milliarden Mark beziffert[2].

Auf der andern Seite war Deutschland, waren deutsche Einzelwirtschaften dem Auslande gegenüber in bestimmtem Umfange Schuldner. Die Höhe dieser Verschuldung ist unbekannt; sie scheint 1 Milliarde Mark nicht überschritten zu haben.

---

[1] Vgl. Sartorius von Waltershausen: Deutsche Wirtschaftsgeschichte 1815—1914. Jena 1920. S. 416.

[2] So meint Waltershausen (S. 417), daß „gut drei Fünftel" aller deutschen Kapitalien im Ausland die Effektenform besessen haben. Setzt man drei Fünftel gleich 20 Milliarden Mark, so ergeben sich als Gesamtsumme etwa 33 Milliarden Mark.

Man hat oft versucht, die Guthaben, die Deutschland, also deutschen Einzelwirtschaften, während eines Jahres aus den Erträgen seines im Ausland angelegten Kapitals entstanden waren, den Verpflichtungen gegenüberzustellen, die Deutschland auf Grund der fremden Kapitalanlagen in Deutschland zu Lasten geschrieben worden waren. Man nannte eine derartige Gegenüberstellung Bilanz, die hier behandelte Gegenüberstellung im besonderen Kapitalertragsbilanz. Sie ist also die Gegenüberstellung der während eines Jahres aus den im Ausland angelegten Kapitalien entstandenen Guthaben und der während eines Jahres aus den im Inland angelegten ausländischen Kapitalien entstandenen Verpflichtungen. Man hat die Bilanz, je nachdem sich ein positiver (aktiver) Saldo oder ein negativer (passiver) Saldo ergab, als aktive oder passive Bilanz bezeichnet. Deutschlands Kapitalertragsbilanz war, wie bereits angedeutet, aktiv.

Bevor man dazu übergeht, die Höhe dieses Jahressaldos zu berechnen oder zu schätzen, insbesondere sich eine Vorstellung über die Höhe der Guthaben zu machen, die deutschen Einzelwirtschaften jährlich aus den im Ausland angelegten Kapitalien entstanden waren, ist es zweckmäßig, sich über den Sinn dieser ganzen „Bilanzierung" klar zu werden. Die Mehrzahl der modernen Industriestaaten führte vor dem Krieg alljährlich dem Wert nach mehr Waren ein als aus. Der für die Mehreinfuhr zu entrichtende Betrag mußte schließlich auf irgendeine Weise gedeckt werden. Er wurde — ohne auf die Technik der Regulierung im einzelnen einzugehen — vor allem durch die Erträge der Auslandkapitalien gedeckt. Es ist einleuchtend, daß zur Deckung nur solche Erträge in Betracht kommen konnten, über die deutsche Einzelwirtschaften, und zwar Einzelwirtschaften, die in Deutschland ihren Sitz hatten, verfügen konnten. Wenn also ein Deutscher im Ausland eine Farm oder ein gewerbliches Unternehmen mit eigenem Kapital — also nicht mit Kapital, das er von Deutschen, die in Deutschland ihren Sitz hatten, gegen Zinsen geliehen hatte — betrieb, so konnten die Erträge dieses „deutschen Auslandkapitals" nicht zur Deckung der Mehreinfuhr herangezogen werden. Von den vorhin behandelten Auslandkapitalien können also für unser eben umschriebenes Problem nur die fremden Kapitalanlagen derjenigen deutschen Einzelwirtschaften herangezogen werden, die in Deutschland ihren Sitz hatten. Es ist aber nun ganz unmöglich, aus den vorhin — bereits mit grober Schätzung — wiedergegebenen deutschen Ausland=

kapitalien diejenigen auszuscheiden, deren Erträge nicht zur Deckung der deutschen Mehreinfuhr zur Verfügung standen. Neuerdings aufgemachte Schätzungen (vgl. etwa diejenige, die von v. Glasenapp in der ersten Nummer der von Keynes herausgegebenen Hefte „Der Wiederaufbau in Europa" gegeben worden ist, eine Schätzung, die das Statistische Reichsamt unter anderm in „Wirtschaft und Statistik", 3. Jahrgang, Nr. 10, S. 318 übernommen hat) legen für unser Problem einen „deutschen Besitz an ausländischen Wertpapieren und Unternehmungen" in Höhe von 20—25 Milliarden Mark zugrunde. Dieser Betrag gilt für die letzte Vorkriegszeit, also für das Jahr 1913.

Der an den Präsidenten der Reparationskommission gerichtete Bericht des zweiten, unter Leitung von Mc Kenna stehenden Sachverständigenausschusses vom 9. April 1924 beziffert den Wert der deutschen Guthaben im Ausland für das Jahr 1914 auf 28 Milliarden Goldmark. Der Bericht hebt, um Mißverständnissen vorzubeugen, hervor, daß „diese Zahl von 28 Milliarden nur diejenigen Guthaben im Ausland umfaßt, welche deutschen Staatsangehörigen gehörten, die ihren Wohnsitz in Deutschland hatten, jedoch nicht diejenigen, welche deutschen Staatsangehörigen gehörten, die ihren Wohnsitz im Ausland hatten". Ferner wird betont, daß bei der Bewertung der Wertpapiere der Nennwert in Goldmark eingesetzt worden sei. Keynes weist bei der Würdigung dieser neuesten Schätzung (vgl. seinen Aufsatz: „Der Mc Kenna-Bericht" im „Wirtschaftsdienst", 9. Jahrgang, Nr. 17, Hamburg 1924) darauf hin, daß anscheinend bei der Gesamtsumme von 28 Milliarden Goldmark kein Abzug für ausländischen Besitz in Deutschland gemacht worden ist. Der Bericht des Sachverständigenausschusses führt zwar an, daß er alle ihm zugänglichen Dokumente geprüft und verglichen habe; eine Notwendigkeit, diese letzte Schätzung gegenüber den früheren Schätzungen als richtiger anzusehen, besteht jedoch nicht.

Es gilt nunmehr, die durchschnittliche Verzinsung dieser Auslandkapitalien zu schätzen, um den eigentlichen Ertrag zu erhalten. v. Glasenapp und mit ihm das Statistische Reichsamt rechnen mit einer durchschnittlichen Verzinsung von mindestens 5%. Es ergibt sich demnach ein Jahresertrag von 1—1¼ Milliarden Mark, eine Summe, die man gleichzeitig auch als Saldo der Kapitalertragsbilanz einsetzen zu können glaubte, einmal wegen der Geringfügigkeit des Besitzes des Auslands an deutschen Wertpapieren und an Unternehmungen in

Deutschland, zum andern, weil man die deutschen Auslandkapitalien und deren Verzinsung bereits mit Mindestsätzen eingesetzt hatte.

Damit ist der wichtigste, aber nicht der einzige „Aktivposten" aufgeführt, der Deutschland eine Deckung der Mehreinfuhr ermöglichte. Heranzuziehen sind vor allem noch die Einnahmen der deutschen Handelsflotte, die in hohem Maße für fremde Volkswirtschaften tätig war. Ferner die Frachteinnahmen, welche insbesondere deutsche Eisenbahnen aus dem starken Warendurchfuhrverkehr zogen, der über das deutsche Gebiet erfolgte. Schließlich die Einnahmen, welche deutsche Banken aus dem internationalen Verkehr erhielten.

v. Glasenapp und mit ihm das Statistische Reichsamt schätzen roh und ohne nähere Unterlagen anzugeben die „Einnahmen aus dem internationalen Bank- und Frachtverkehr" auf 1 Milliarde Mark für die Zeit vor Kriegsausbruch. Um Einzelschätzungen wiederzugeben: Rießer (Die deutschen Großbanken, Jena) beziffert die Schiffahrtseinnahmen auf 300 Millionen Mark; Edgar Crammond (The economic relations of the British and German Empires, erschienen im Journal of the Royal Statistical Society, Juli 1914) schätzte für 1912 die Einnahmen aus dem internationalen Frachtverkehr auf 600 Millionen Mark, die Einnahmen der deutschen Banken, Versicherungsgesellschaften und Handelshäuser aus dem internationalen Handel auf 200 Millionen Mark. Mit diesen — wie die Schätzer angeben — durchweg vorsichtigen Schätzungen ist gleichzeitig auch der Saldo angegeben, der sich herausstellt, wenn man die Belastungen berücksichtigt, welche die deutsche Volkswirtschaft durch die entsprechenden fremden Dienste erfahren hat.

Deutschland bezog weiterhin Einnahmen aus dem Reiseverkehr; fremde Vergnügungsreisende gaben in Deutschland für deutsche Erzeugnisse und Dienstleistungen große Beträge aus. Man nahm aber an, daß diese Beträge vollkommen ausgeglichen waren durch diejenigen Beträge, die deutsche Reisende in fremden Ländern ausgaben.

Auf einen Posten, der Deutschland endgültig belastete, dem keine entsprechenden Guthaben gegenüberstanden, hat vor allem v. Glasenapp aufmerksam gemacht. Wie er ausführt, waren vor dem Kriege gegen 700 000 fremde Wanderarbeiter in Deutschland tätig; sie brachten nach seiner Schätzung jährlich gegen 400 Millionen Mark in ihre Heimat zurück.

Nun zu der letzten und wichtigsten Gegenüberstellung: Wert der eingeführten Waren gegen den Wert der ausgeführten Waren. Man nennt diese Gegenüberstellung bekanntlich Handelsbilanz und spricht von einer aktiven Handelsbilanz, wenn der Wert der Ausfuhr denjenigen der Einfuhr übersteigt, und von einer passiven Handelsbilanz, wenn der Wert der Einfuhr denjenigen der Ausfuhr übersteigt.

Um die Handelsbilanz für Deutschland im einzelnen darzulegen, werden für gewöhnlich die Zahlen des sogenannten Spezialhandels der deutschen Handelsstatistik herangezogen. Nach der amtlichen Definition umfaßt der Spezialhandel — also eine Form der Aufbereitung der handelsstatistischen Ergebnisse — zunächst die Einfuhr der unmittelbar aus dem Ausland kommenden sowie der von Zollausschlüssen, Freibezirken, Niederlagen, Konten usw. kommenden Waren in den freien Verkehr; ferner die Einfuhr zur Veredelung (einschließlich der Be- oder Verarbeitung im Freihafen Hamburg) auf inländische Rechnung, die Einfuhr in die Zollausschlüsse zum Verbrauch, die Verbringung von Schiffsbedarf an ausländischen Waren auf ausgehende deutsche Schiffe.

Der Spezialhandel umfaßt andererseits die Ausfuhr aus dem freien Verkehr nach dem Ausland einschließlich der unter amtlicher Überwachung ausgehenden, einer Verbrauchs- oder Stempelabgabe unterliegenden inländischen Waren (Bier, Branntwein, Essigsäure, Leuchtmittel, Salz, Schaumwein, Spielwaren, Tabak, Zucker, Zündwaren); ferner die Ausfuhr nach der Veredelung auf inländische Rechnung und die Ausfuhr der im Freihafen Hamburg auf inländische Rechnung hergestellten Waren.

Die „Spezialhandelsnachweisung" will eigentlich die Wareneinfuhr zum Verbrauch und zur Bearbeitung durch die deutsche Volkswirtschaft und die durch die deutsche Volkswirtschaft gelieferte Warenausfuhr nach Mengen und Wert wiedergeben. Im Gegensatz zur „Generalhandelsnachweisung" und in Übereinstimmung mit der „Gesamteigenhandelsnachweisung" schaltet sie die unmittelbare Durchfuhr aus. Die unmittelbare Durchfuhr liefert der deutschen Volkswirtschaft im allgemeinen nur „Verkehrseinnahmen".

Im Gegensatz zur „Gesamteigenhandelsnachweisung" schaltet der Spezialhandel auch einen großen Teil der mittelbaren Durchfuhr aus und damit auch einen Teil des deutschen Zwischenhandels, nämlich diejenigen Waren, die auf den deutschen Zollausschlüssen (Freihäfen) usw. einige Zeit lagern und dann wieder ausgeführt werden. Diese Waren werden von der Spezialhandelsnachweisung nur dann als Einfuhr nach

Deutschland angesehen, wenn sie von den Zollausschlüssen usw. in den sogenannten freien Verkehr Deutschlands übergehen. Allerdings sind, wie oft ausgeführt worden ist[1], im Spezialhandel auch diejenigen Zwischenhandelswaren enthalten, welche vom Ausland in den freien Verkehr Deutschlands eingehen und später in der gleichen Form den Verkehr wieder verlassen. Diese Waren können dann erst ausgeschaltet werden, wenn bei der Ausfuhr vom Versender das Ursprungsland der Waren angegeben wird. Die Behandlung des sogenannten zolltechnischen Veredlungsverkehrs ist gleichfalls für unser Problem nicht ohne Bedenken; ich habe mich darüber in meiner „Einleitung in die Wirtschaftsstatistik" (S. 182ff.) näher ausgelassen.

Nach der Spezialhandelsnachweisung ergibt sich für die fünf Jahre vor dem Kriege folgende Gegenüberstellung des Wertes der Einfuhr nach Deutschland und der Ausfuhr aus Deutschland in Millionen Mark:

	1909	1910	1911	1912	1913
Einfuhr	8526,9	8934,1	9705,7	10691,8	10770,3
Ausfuhr	6574,2	7474,7	8106,1	8956,8	10096,5
Einfuhrüberschuß	1932,7	1459,4	1599,6	1735,0	673,8

Danach hat sich in den fünf Jahren vor dem Krieg eine passive Handelsbilanz ergeben; der Einfuhrüberschuß schwankt, wenn man von 1913 absieht, zwischen 1,5 und 2 Milliarden Mark. 1913 stieg der Wert der Ausfuhr stark, der Einfuhrüberschuß sank auf 0,7 Milliarden Mark.

Die Gegenüberstellung von Einfuhr und Ausfuhr ist zunächst so wiedergegeben worden, wie man sie gewöhnlich findet (vgl. etwa die Übersicht in der vom Statistischen Reichsamt zusammengestellten Arbeit über „Deutschlands Wirtschaftslage unter den Nachwirkungen des Weltkriegs", S. 22). Sie enthält nicht die Ein- und Ausfuhr von Gold und Silber. Dieses Auslassen ist mit Recht gerügt worden[2]; man weist darauf hin, daß Deutschland, das kein golderzeugendes Land ist, für monetäre und gewerbliche Zwecke Gold und Silber einführen muß, daß zwischen der Einfuhr von Gold und Silber und der übrigen Einfuhr kein grundsätzlicher Unterschied besteht.

Bezieht man die Bewegung von Gold und Silber in die Spezial=

---

[1] Vgl. meine „Einleitung in die Wirtschaftsstatistik", Jena 1920, S. 182 ff.
[2] Vgl. das vom Washingtoner Institute of Economics (H. G. Moulton und C. E. Mc Guire) herausgegebene Buch über Germany's capacity to pay. S. 273. New York 1923. Das Buch liegt jetzt auch in einer von R. Kuczynski besorgten Übersetzung vor: Deutschlands Zahlungsfähigkeit. Berlin 1924. Verlag für Politik und Wirtschaft.

handelsnachweisung ein, so erhöhen sich Einfuhr und Einfuhrüberschuß wie folgt:

Millionen Mark

	1909	1910	1911	1912	1913
Einfuhr	8860,4	9310,0	10 007,0	11 017,5	11 206,7
Ausfuhr	6858,5	7644,2	8 224,4	9 099,5	10 197,9
Einfuhrüberschuß	2001,7	1665,8	1 782,6	1 918,0	1 008,8

Hat man die Handelsbilanz errechnet, so muß man sich bewußt bleiben, daß in ihr die jährlich aus dem Warenhandel entstandenen Guthaben und Verpflichtungen nicht rein zum Ausdruck kommen. Als Wert der Einfuhr wird in der Regel — auch in Deutschland — derjenige Wert angenommen, den die Ware an der Grenze — also an der deutschen Grenze — hat. Neben dem eigentlichen „Handelswert" sind in dem Grenzwert auch noch die Fracht- und Versicherungskosten bis zur deutschen Grenze enthalten. Kommen die Waren an den deutschen Landesgrenzen auf der Eisenbahn an, so sind dem Ausland neben dem „Handelswert" noch die Fracht- und Versicherungskosten bis zur Grenze zu entrichten; der Grenzwert gibt in der Tat „das Maß der Verbindlichkeiten an das Ausland" an. Kommen die Waren jedoch auf dem Schiff in den deutschen Häfen an, so gibt der Grenzwert nur dann das Maß der unmittelbaren Verbindlichkeiten an das Ausland richtig wieder, wenn der Transport und die Versicherung tatsächlich vom Ausland übernommen worden ist.

Bei der Ausfuhr hingegen sind in dem Grenzwert nur die Fracht- und Versicherungskosten bis zur deutschen Grenze enthalten. Verlassen die Waren die deutsche Grenze auf dem Bahnweg, so kommen die von der Grenze ab entstehenden Fracht- und Versicherungskosten dem Ausland zugute; verlassen die Waren auf dem Schiff einen deutschen Hafen, so kommen diese Kosten dem Ausland nur dann zugute, wenn fremde Schiffe und Versicherungsgesellschaften Transport und Versicherung übernommen haben.

Bei unserer Problemstellung kann man so verfahren, daß man grundsätzlich von der Fiktion ausgeht, bei der Einfuhr werde der Warentransport bis zur deutschen Grenze und bei der Ausfuhr werde der Abtransport von der deutschen Grenze grundsätzlich von fremden Frachtführern besorgt. In Wirklichkeit hat vor dem Kriege die deutsche Handelsflotte neben den Diensten, die sie fremden Volkswirtschaften leistete, auch große Teile der deutschen Einfuhr aus fremden Häfen herangeführt und große Teile der deutschen Ausfuhr aus deutschen Häfen weggeführt. Man muß dann allerdings, wie es hier auch geschehen ist, die gesamten Einnahmen der deutschen Handelsflotte Deutschland zurechnen, also auch diejenigen Einnahmen, welche deutsche Schiffe an der Einfuhr nach Deutschland erzielt haben.

Es sind bisher eine Reihe von Gegenüberstellungen oder Bilanzen, in den Fällen, in denen mangels Unterlagen Gegenüberstellungen unmöglich waren, wenigstens die mutmaßlichen Saldi behandelt worden. Geht man schließlich daran, diese Gegenüberstellungen und Saldi zu einem Gesamtbild zu vereinigen, so hat man ein Schema aufgestellt, das man herkömmlich Zahlungsbilanz, in neuerer Zeit auch Verkehrsbilanz nennt. Es ist also die Verkehrsbilanz (Zahlungsbilanz) eines Landes eine Gegenüberstellung der gesamten während eines Jahres entstandenen, in Geld geschätzten Guthaben und Verpflichtungen eines Landes.

So läßt sich aus den Schätzungen v. Glasenapps (Keynes' Wiederaufbauhefte Nr. 1, S. 30 und 31) für die Zeit vor dem Kriege folgende Verkehrsbilanz (eine Bilanz, die das Statistische Reichsamt später in seinen Veröffentlichungen übernommen hat) gewinnen:

Millionen Mark			
Guthaben		Schulden	
Warenausfuhr	10 097	Wareneinfuhr	10 770
Zinsen von Auslandsanlagen	1000—1250	Ersparnisse der fremden Wanderarbeiter in Deutschland	400
Einnahmen a. d. internationalen Fracht- u. Bankenverkehr . . .	1000	Verfügbar für Neuanlagen im Ausland	927—1177
	12 097—12 347		12 097—12 347

Aus den Schätzungen Crammonds (vgl. Journal of the Royal Statistical Society, Juliheft 1914, S. 798) läßt sich für das Jahr 1912 folgende Verkehrsbilanz zusammenstellen (1 Pfd. Sterling = 20 Mk.):

Millionen Mark			
Guthaben		Schulden	
Warenausfuhr.	9 684	Wareneinfuhr	11 572
Ausfuhr von Gold und Silber .	142	Einfuhr von Gold und Silber .	325
Zinsen von Auslandsanlagen . .	1 000	Kapital, das 1912 im Ausland angelegt wurde	260
Einnahmen aus dem Frachtverkehr	600		
Einnahmen der Banken, Versicherungsgesellschaften, Handelshäuser	200		
	11 626		12 157

Beide Bilanzen unterscheiden sich stark voneinander. Um mit den minder bedeutsamen Unterschieden zu beginnen: Crammond bezieht, was richtig erscheint, die Ein- und Ausfuhr von Gold und Silber ein, was v. Glasenapp nicht tut. Crammond verwendet die Zahlen des Gesamteigenhandels, v. Glasenapp die Zahlen des Spezialhandels, was zweckmäßiger erscheint. Die Deutschland „belastenden" Ersparnisse der fremden Arbeiter fehlen bei Crammond. Die Einnahmen aus dem internationalen Bank- und Frachtverkehr beziffern sich bei v. Glasenapp auf 1 Milliarde Mark, bei Crammond für 1912 zusammen auf 800 Millionen Mark.

Bei der Gegenüberstellung, die aus den Schätzungen v. Glasenapps gewonnen wurde, ist die „günstige" Warenbewegung des Jahres 1913 (verhältnismäßig große Ausfuhr) eingesetzt. Aus den Ausführungen v. Glasenapps geht jedoch hervor, daß er die Zahlungsbilanz Deutschlands vor dem Kriege grundsätzlich für „günstig" hält. Er hätte also auch für das Jahr 1912 einen „Aktivsaldo" angenommen, während Crammond für 1912 zu einem Passivsaldo kommt. Es sind sich wohl alle Nationalökonomen — trotz der ungeheuren Schwierigkeiten, gerade auf dem Gebiet der Zahlungsbilanz zu einigermaßen zutreffenden Schätzungen zu gelangen — darin einig, daß das Jahr 1913 vom Standpunkt der Zahlungsbilanz aus für Deutschland günstig war. Durchaus keine Einigung besteht jedoch für die Vorjahre. Helfferich hebt, wie bereits betont, in seiner Untersuchung über „Deutschlands Volkswohlstand 1888 bis 1913" hervor, daß „speziell in den letzten Jahren der gewaltige inländische Kapitalbedarf für industrielle und öffentliche Zwecke die Neuinvestierungen im Ausland erheblich beschränkt" hat.

Das bereits erwähnte Institute of Economics gibt in seiner Untersuchung „Germany's capacity to pay" folgende Schätzung für die Gestaltung der deutschen Zahlungsbilanz seit 1894 wieder:

Durchschnitte in Millionen Mark:

| Jahre | Unsichtbare Posten | | | | | Bilanz der unsichtbaren Posten (+) | Handelsbilanz einschl. Gold und Silber (—) | Reine Zahlungsbilanz |
	Einnahmen aus der Schiffahrt	Zinseingänge	Warendurchfuhr	Einnahmen aus der Bankverkehr usw.	Ersparnisse der fremden Wanderarbeiter			
1894—1898	180	685	50	90	—	1000	987	+ 13
1899—1903	270	800	65	125	—	1260	1073	+ 187
1904—1908	355	895	80	170	— 150	1350	1472	— 122
1909—1912	475	965	100	200	— 250	1490	1842	— 352
1913	540	1000	120	340	— 400	1600	1008	+ 592

Zum Verständnis der Ausdrücke „unsichtbare" Posten, wofür oft auch die Ausdrücke „unsichtbare Einfuhr" und „unsichtbare Ausfuhr" gebraucht werden, sei darauf hingewiesen, daß die angelsächsische Ausdrucksweise für unsere Verkehrs- oder Zahlungsbilanz Balance of Trade (also Handelsbilanz) ist. Die Balance of Trade will beispielsweise nach den Ausführungen von C. K. Hobson (The Measurement of the Balance of Trade in der englischen Zeitschrift Economica, Maiheft 1921, London 1921, S. 132) zeigen, in welchem Ausmaß während eines gegebenen Jahres die Personen, die ihren regelrechten Wohnsitz in Großbritannien haben, bei der Aufrechnung (on balance) Schuldner von Personen geworden sind, die ihren regelrechten Wohnsitz im Ausland haben, oder in welchem Ausmaß die Ausländer die Schuldner der Engländer geworden sind. Hobson führt weiter aus, daß sich eine Untersuchung über die Gestaltung der Balance of Trade mit Notwendigkeit auf die amtlichen Angaben über den Wert der ein- und ausgeführten Waren stützen müsse. Zu dieser, der amtlichen Statistik entnommenen Ein- und Ausfuhr kommt jedoch in der angelsächsischen Ausdrucksweise noch die unsichtbare Einfuhr (invisible imports) und vor allem die unsichtbare Ausfuhr (invisible exports) hinzu. Wie Hobson betont, spricht man bei diesen Posten nicht deshalb von unsichtbarer Ausfuhr und unsichtbarer Einfuhr, weil sie in allen Fällen in irgendeinem Sinn tatsächlich als Ausfuhr oder Einfuhr angesehen werden können, sondern weil es sich um Posten handelt, die der Ausfuhr oder der Einfuhr hinzugezählt werden müssen, wenn man eine vollständige internationale Rechnung (international trading account) aufstellen will. Zur Erläuterung seien die wichtigsten Posten der englischen unsichtbaren Ausfuhr beigefügt: 1. Einnahmen der britischen Handelsflotte aus dem Außenhandel, vermindert um die Ausgaben in fremden Häfen, vermehrt um die Ausgaben der fremden Schiffe in britischen Häfen; 2. Dienste, die von Angehörigen Großbritanniens im Zusammenhang mit der Finanzierung und Versicherung des Handels geleistet werden; 3. Einnahmen aus überseeischen Anlagen. Die wichtigsten Posten der — weniger bedeutsamen — unsichtbaren Einfuhr sind: 1. Einnahmen aus Anlagen in Großbritannien, ferner Gewinne aus Geschäften in Großbritannien, die von Personen bezogen werden, die ihren Sitz im Ausland haben; ferner Einnahmen ausländischer Eigentümer von britischen Schiffen; 2. verschiedene Posten, wie die Ausgaben britischer Reisender im Ausland, die Ausgaben von Heer und Flotte im Ausland usw.

Die Schätzung des Institute of Economics hat zur Ermittlung der einzelnen unsichtbaren Posten teilweise neue Wege beschritten, die hier nicht näher behandelt werden sollen. Sie hat im besonderen die wichtigen Einnahmen aus dem Schiffahrtsverkehr analog einem Verfahren berechnet, das zur Ermittlung des entsprechenden englischen Postens in der englischen Literatur angewendet worden ist. Die deutschen Einnahmen aus dem internationalen Bank- und Versicherungsgeschäft wurden mit einem Drittel der entsprechenden englischen Einnahmen angesetzt usw.

Das Institute of Economics ist sich, wie im einzelnen ausgeführt wird, bewußt, daß es nur Schätzungen rohester Art gegeben hat. Es kam ihm vor allem darauf an, zu zeigen, daß die Beträge, über die Deutschland auf Grund seiner bisher behandelten unsichtbaren Ausfuhr alljährlich verfügen konnte, um im Ausland neue Kapitalanlagen zu schaffen, im Laufe der Jahre geringer wurden.

Wenn Deutschland dennoch seine Auslandsanlagen vermehren oder auf der alten Höhe halten konnte, woher kam diese Möglichkeit? Das Institut schließt sich im wesentlichen einer Auffassung an, die bereits von Helfferich und anderen angedeutet war, und vor kurzem wieder von Kurt Singer im „Wirtschaftsdienst" (vom 7. Juli 1922) vertreten worden ist: Deutschland ist mit seinen Auslandsanlagen über das Maß seiner wirtschaftlichen Kraft hinausgegangen; es hat die Vermehrung der Auslandsanlagen nur durch dauernde kurzfristige Verschuldung an die reicheren Kapitalmächte ermöglicht. Singer sucht in seinem Aufsatz darzulegen, wie diese Auffassung durch die Bewegung der internationalen Kurse bestätigt wird. Wie er nachweist, hat sich der Durchschnittskurs der Mark im letzten Menschenalter vor dem Krieg in London und in Paris erheblich gesenkt. „Der Kurs der Mark bewegte sich unter dem Druck wachsender Nachfrage nach Auslandsvaluten innerhalb der Goldpunkte immer ungünstiger für Deutschland und schien sich vom Münzpreis immer mehr zu entfernen, oft sogar auf oder über den Goldausfuhrpunkt hinaus." F. Schmidt gibt in seinem Buch „Internationaler Zahlungsverkehr und Wechselkurse", Leipzig 1919, S. 28 und 393 eine Schätzung dieser kurzfristigen Goldkredite; er kommt für das Jahr 1913 auf 200—300 Millionen Mark.

Wie man sich zu den Berechnungen des Institute of Economics auch stellt, sie weisen in jedem Fall mit aller Deutlichkeit darauf hin, daß es grundsätzlich verfehlt ist, wenn man zur Kennzeichnung der Vorkriegsverhältnisse lediglich das abnorme Bild des Jahres 1913 heranzieht.

B. Bemerkungen über die deutsche Zahlungsbilanz während des Krieges und nach dem Kriege.

Kann man ein Bild der deutschen Zahlungsbilanz oder Verkehrsbilanz der Vorkriegszeit nur unter Zuhilfenahme grober und „robuster" Schätzungen gewinnen, so trifft dies erst recht zu, wenn man die deutsche Zahlungsbilanz in der Kriegszeit und besonders in der Nachkriegszeit verfolgen will. Vor dem Kriege war es wenigstens möglich, den wichtigsten Posten der Zahlungsbilanz, die Handelsbilanz, an der Hand der deutschen Handelsstatistik darzulegen. Diese Möglichkeit fällt für die kommende Zeit zunächst fort. Während des Krieges wurden die handelsstatistischen Veröffentlichungen eingestellt; sie sind auch bisher noch nicht für die Kriegszeit nachgeholt worden. In der Nachkriegszeit sind zwar die handelsstatistischen Veröffentlichungen wieder aufgenommen worden; die für uns vor allem in Betracht kommenden Wertangaben, die zunächst in Papiermark allmonatlich wiedergegeben wurden, sind jedoch in Zeiten zunehmender Geldentwertung wertlos. Die zahlreichen Versuche, die das Statistische Reichsamt unternommen hat, die Wertangaben in Goldmark wiederzugeben, waren unbefriedigend. Man ist daher, um überhaupt zahlenmäßige Angaben mitteilen zu können, in hohem Maße auf die Angaben „sachverständiger" Personen angewiesen, also insbesondere auf Personen, die zunächst von Amts wegen in die Gewinnung der Zahlen Einblick hatten und gleichzeitig die Möglichkeit hatten, sie kritisch zu sichten. Es ist selbstverständlich, daß hier der subjektiven Meinung, die von der Gesamtauffassung über Deutschlands Lage und von politischen Erwägungen stark beeinflußt ist, ein großer Spielraum blieb und bleibt.

Für die Kriegszeit hat insbesondere v. Glasenapp in seinem bereits erwähnten Aufsatz über „die deutsche Zahlungsbilanz" einige zahlenmäßige Angaben gebracht, die dann auch vom Statistischen Reichsamt in der Veröffentlichung über „Deutschlands Wirtschaftslage unter den Nachwirkungen des Weltkriegs" übernommen wurden.

Was zunächst die Handelsbilanz während des Krieges angeht, so bezifferte sich nach v. Glasenapps Angaben der Wert der Einfuhr nach

Deutschland in der Zeit vom 1. August 1914 bis Ende Dezember 1918 auf 22,8 Milliarden Goldmark; eine Zahl, die aus 31,8 Milliarden Papiermark errechnet wurde. Der Wert der deutschen Ausfuhr wird für die gleiche Zeit auf 11,7 Milliarden Goldmark (16,5 Milliarden Papiermark) angegeben. Es entstand danach ein Passivum von 11,1 Milliarden Goldmark (15,3 Milliarden Papiermark). Ferner tätigten, wie v. Glasenapp ausführt, die Verbündeten Deutschlands einen Teil ihrer Einfuhr, rund 4 Milliarden Goldmark, auf Deutschlands Kosten: das Gesamtpassivum stellte sich demnach auf rund 15 Milliarden Goldmark. Der ungeheure Rückgang der Einfuhr und der noch stärkere Rückgang der Ausfuhr sind einmal auf die Wirkungen der Blockade, ferner (bei der Ausfuhr) auf die Tatsache zurückzuführen, daß diejenigen Industrien, die früher exportierten, durch die Einziehung zahlreicher Arbeitskräfte geschwächt wurden und zum überwiegenden Teil ihre Produktion auf den Bedarf für Heer und Marine umstellen mußten. Da die andern Posten der Verkehrsbilanz, also die Erträge der Auslandkapitalien und die Einnahmen aus dem internationalen Fracht- und Bankverkehr, wegfielen, mußte das Passivum der Handelsbilanz durch „Entnahme" aus dem deutschen Vermögen und durch Kredite gedeckt werden.

Einmal floß während des Krieges Gold im Betrage von rund 1 Milliarde Goldmark an das Ausland ab; es wurde teils der Zirkulation entnommen, teils aus den Beständen der Reichsbank abgegeben. Ferner wurde nach v. Glasenapps Angaben an ausländischen Wertpapieren bis Ende 1918 „nachweislich" mindestens für 3 Milliarden Goldmark, an inländischen nahezu für 1 Milliarde Goldmark verkauft. Allerdings finde ich in dem bereits erwähnten Aufsatz über den „deutschen Besitz an ausländischen Wertpapieren in der Nachkriegszeit" (vgl. Wirtschaft und Statistik, 3. Jahrgang, Nr. 2, Seite 64) Angaben über die „Ausfuhr" ausländischer Wertpapiere, die wesentlich höher sind.

Das nach Abzug der eben behandelten 5 Milliarden Goldmark noch verbleibende Passivum von rund 10 Milliarden Goldmark wurde nach v. Glasenapp auf dem Wege der Kreditaufnahme beglichen. Deutschland nahm an Krediten in fremder Währung 3—4 Milliarden Goldmark auf; 6—7 Milliarden Goldmark wurden mit Marknoten bezahlt oder blieben in Mark geschuldet. Zu dieser aus der Handelsbilanz entspringenden Schuld tritt aber noch, wie v. Glasenapp ausführt, der große Betrag von Papiermark hinzu, der während des Krieges in die besetzten Gebiete abgeflossen ist, ein Betrag, dessen Höhe nicht zu ermitteln ist.

Mit diesen Angaben v. Glasenapps sind allerdings kaum die Berechnungen des Berichts des zweiten Sachverständigenausschusses und die Berechnungen, die Keynes im Anschluß daran aufgemacht hat, in Einklang zu bringen. Zwar rechnet auch der Sachverständigenausschuß mit einem Verkauf von inländischen (deutschen) Wertpapieren in Höhe von etwa 1 Milliarde Goldmark; er nimmt auch an, daß rund 1 Milliarde Gold (hauptsächlich in den ersten Kriegsjahren) ins Ausland abgeflossen ist. Hingegen fehlt jeder Hinweis auf den Verkauf ausländischer Wertpapiere, den v. Glasenapp auf „nachweislich" mindestens 3 Milliarden Goldmark beziffert hatte. Jedoch rechnet der Sachverständigenausschuß und nach ihm Keynes mit einem Betrag von 5,7 bis 6 Milliarden Goldmark für Gewinne, welche Deutschland aus Requisitionen und anderen Quellen im besetzten Gebiet gemacht hat. Der Ausschuß glaubt jedoch gefunden zu haben, daß diese Gewinne „mit der Frage des Defizits der deutschen Handelsbilanz in enger Beziehung stehen". Der Ausschuß hat, wie er hervorhebt, alle Maßnahmen rein militärischen Charakters unberücksichtigt gelassen, wie zum Beispiel Requisitionen, welche den Unterhalt der deutschen Truppen sicherstellen sollten. Der Ausschuß hat angenommen, daß „eine Summe von 5,7 bis 6 Milliarden Goldmark dem Teil der aus der Ausbeutung Belgiens, Nordfrankreichs, Polens, Litauens, Rumäniens usw. stammenden Gewinne entspricht, der eine Einfuhr darstellt, für welche keine Zahlungen geleistet worden sind". Ob diese Summen in ihrer Höhe die Wirklichkeit treffen, muß an der Hand der deutschen Unterlagen nachgeprüft werden. Ein Teil der Waren, welche aus den besetzten Gebieten nach Deutschland gebracht worden sind, kam der deutschen Handelsstatistik gar nicht zur Kenntnis, ist in der Handelsbilanz nicht enthalten. Für einen anderen Teil dieser Waren wurden, wie der Bericht betont, Papiermark gezahlt. Der Bericht weist nun darauf hin, daß Deutschland mit Goldmünzen, Noten der Bank von Frankreich, die durch Auferlegung von Strafen und Kontributionen, ferner mit ausländischen Werten, die besonders in Belgien und Frankreich auf dem Wege der Sequestrierung erworben worden seien, die Einfuhr aus den neutralen Ländern zu einem Teil bezahlt habe. Handelt es sich bei diesen Summen um einige Milliarden Goldmark (ein Tatbestand, der sicher von deutscher Seite nachgeprüft werden könnte), so müßte die amtliche deutsche Darstellung von der Zahlungsbilanz während des Krieges wesentlich berichtigt werden. Ferner rechnet der Sachverständigenausschuß damit, daß Deutschland auch während des Krieges gewisse Zinseseinnahmen von Auslandsguthaben (in neutralen Ländern) bezogen hat. Obwohl der Sachverständigenbericht angibt, daß es ihm möglich gewesen sei, eine Schätzung aufzumachen, die als nahezu genau angesehen werden dürfe (may be taken as very nearly accurate), so sucht man vergebens nach dieser genauen Schätzung. Keynes schätzt dieses Einkommen aus Auslandsguthaben während des Krieges auf 1,3 Milliarden Goldmark.

Auf die von Glasenapp angeführte Kreditaufnahme in fremder Währung durch Deutschland (etwa 3—4 Milliarden Goldmark) geht der Sachverständigenbericht nicht ein; ebensowenig auf die 6—7 Milliarden Goldmark, mit denen v. Glasenapp das noch verbleibende Passivum der Handelsbilanz decken will.

Die Angaben des Sachverständigenberichts und die amtlichen deutschen Angaben gehen so weit auseinander, daß eine klare Vorstellung von der Gestaltung der deutschen Zahlungsbilanz während des Krieges nicht möglich ist. Zunächst ist eine Äußerung der deutschen amtlichen Stellen zu dem Bericht erforderlich.

Wie gestaltete sich die Zahlungs- oder Verkehrsbilanz nach dem Kriege? Es werden im folgenden vor allem die Jahre 1919 bis 1922 berücksichtigt. Das Jahr 1923, also das Jahr des Ruhreinfalls, ist im allgemeinen nicht einbezogen worden; es wird wohl niemals möglich sein, für dieses Jahr ein zahlenmäßig begründetes Bild zu geben.

Was zunächst die Handelsbilanz angeht, so stellte sich nach v. Glasenapp die Einfuhr im Jahre 1919 auf 32,5 Milliarden Papiermark oder 6,6 Milliarden Goldmark, die Ausfuhr auf 10,1 Milliarden Papiermark oder 1,76 Milliarden Goldmark. Nach der gleichen Quelle betrug die Einfuhr im Jahre 1920 rund 7 Milliarden Goldmark (gleich 98,1 Milliarden Papiermark); die Ausfuhr hob sich stark gegen 1919 auf 5,1 Milliarden Goldmark (gleich 69,3 Milliarden Papiermark). Für 1921 und 1922 liegen die viel angegriffenen Schätzungen des Statistischen Reichsamts vor. Für die 4 Jahre ergibt sich folgende Zusammenstellung:

	1919	1920	1921	1922
Einfuhr	6,6	7,0	5,7	6,2
Ausfuhr (ohne Sachleistungen für Reparationszwecke)	1,8	5,1	3,6	4,0
Einfuhrüberschuß	4,8	1,9	2,1	2,2

Gegen diese Angaben wird zunächst von deutscher Seite betont, daß die Einfuhrzahlen zu niedrig sind. Das infolge der Besetzung großer Gebietsteile im Westen Deutschlands geschaffene „Loch im Westen" ermögliche eine große unkontrollierbare Einfuhr hochwertiger Waren. Dieser Einwand ist ohne Zweifel richtig. Auf der andern Seite wird darauf hingewiesen, daß auch in den Ausfuhrzahlen die „verbotene Ausfuhr" nicht enthalten ist. Insbesondere bei starken Marktstürzen strömten zahlreiche Fremde aus Deutschlands Nachbarländern nach Deutschland und kehrten mit Waren beladen unter Umgehung der Zollkontrolle wieder in ihre Heimat zurück; dazu kommt noch ein mit größerem Nachdruck als früher betriebener Schmuggelverkehr. Auch dieser Einwand ist richtig. Aber aller Wahrscheinlichkeit nach ist die vorhin behandelte „Fehlerquelle" bei der Einfuhr wesentlich größer als die bei der Ausfuhr. Ein dritter bedeutungsvoller Einwand geht dahin, daß der deutschen Handelsstatistik bei der Ausfuhr zu niedrige Werte, insbesondere im Jahre 1922, angegeben worden seien; 1922 sei die Handelsbilanz wahrscheinlich nicht mehr passiv gewesen.

Legt man die oben wiedergegebenen Berechnungen v. Glasenapps und des Statistischen Reichsamts über den Wert der Ein- und Ausfuhr der Jahre 1919 bis 1922 zugrunde, so ergibt sich ein Gesamteinfuhrüberschuß von 11 Milliarden Goldmark. Der Sachverständigenbericht nimmt dagegen an, daß der Einfuhrüberschuß der Jahre 1919 bis 1923 zuzüglich der deutschen Barleistungen auf Grund des Friedensvertrags sich auf 9—10 Milliarden Goldmark belief. Der Bericht trennt leider die beiden Posten nicht. Was die Barleistungen auf Grund des Friedensvertrags betrifft, so gibt das Statistische Reichsamt (vgl. Deutschlands Wirtschaftslage, Seite 23) an, daß bis Ende 1922 2,23 Milliarden Goldmark geleistet worden sind. Der Bericht bemerkt, daß die Veranschlagung der Barleistungen keinen Anlaß zu Erörterungen gegeben habe; dagegen wäre der Ausschuß durch seine Nachforschungen bewogen worden, „die deutschen amtlichen Angaben über den Wert der Ein- und Ausfuhr vollständig beiseite zu lassen und eine neue Schätzung sämtlicher Waren auf der Grundlage der Weltmarktpreise (world prices) vorzunehmen, wobei er jedoch diejenigen Abänderungen berücksichtigte, welche durch die besonderen Verhältnisse des deutschen Handels zur gegebenen Zeit geboten erschienen".

Der Ausschuß hat hier eine meines Erachtens unlösbare Aufgabe zu lösen versucht. Er hat die ein- und ausgeführten Waren „auf der

Grundlage der Weltmarktpreise" geschätzt. Es ist ohne weiteres einleuchtend, daß man für eine große Anzahl von Rohstoffen und auch von Halbfabrikaten „Weltmarktpreise" ermitteln kann. Wie man aber Weltmarktpreise für die hinsichtlich des Wertes besonders bedeutungsvolle deutsche Ausfuhr an Fertigfabrikaten (etwa Erzeugnisse der optischen, der feinmechanischen, der elektrotechnischen, der chemischen Industrie, der Industrie der Werkzeugmaschinen und Apparate usw.) ermitteln will, bleibt rätselhaft. Der Bericht deutet an, daß er „die besonderen Verhältnisse des deutschen Handels" berücksichtigt habe; er hat vielleicht von den Ausfuhrwerten einen Abzug für Unterbietung, Haßrabatt usw. gemacht. Es ist nicht anzunehmen, daß man mit Hilfe von „Weltmarktpreisen" zu richtigeren Ergebnissen gelangt als mit dem alten, sicher auch nicht einwandfreien Verfahren: jeweilige Ein- und Ausfuhrmengen vervielfacht mit den entsprechenden Einheitswerten des Jahres 1913, wobei die so ermittelten Ausfuhrwerte gleichfalls um einen erheblichen Prozentsatz zu kürzen sind. Eine Notwendigkeit, auf Grund des Sachverständigenberichts von dem Gesamteinfuhrüberschuß in Höhe von 11 Milliarden Goldmark (ohne Barleistungen) abzugehen, besteht nicht.

Der Bericht der Sachverständigen erklärt, daß die Feststellung des Betrags des Passivsaldos der deutschen Handelsbilanz von größter Bedeutung sei, weil jede Schätzung der deutschen Auslandsguthaben in weitestem Maße von dem für diesen Passivsaldo angenommenen Betrag abhängt.

Es gilt zunächst ein Bild von der Größe des deutschen Auslandkapitals in der Nachkriegszeit zu erlangen. Dabei kommt für unsere Zwecke nur dasjenige Auslandkapital in Betracht, das deutschen Staatsangehörigen, die in Deutschland ihren Wohnsitz haben, Erträge in Form von Zinsen, Gewinnen usw. liefert. Die Angabe des Sachverständigenberichts, daß die Verluste Deutscher durch Entwertung, Liquidations- und Sequestrationsmaßnahmen während des Krieges 16,1 Milliarden Goldmark betragen haben, sagt für unsere Problemstellung zunächst nichts. Eher ist die bereits erwähnte Aufstellung über den „deutschen Besitz an ausländischen Wertpapieren in der Nachkriegszeit" heranzuziehen. Es wird dort, wie schon erwähnt, davon ausgegangen, daß bei Kriegsbeginn in Deutschland ein in ausländischen Wertpapieren angelegtes Nominalkapital von rund 18 Milliarden Goldmark vorhanden war. Es wird weiter angenommen, daß in der ersten Kriegszeit (August 1914 bis August 1916) Wertpapiere im Betrage von rund 2 Milliarden Goldmark "abgeströmt" sind. Auf Grund des Ergebnisses der Anmeldung von ausländischen Wertpapieren bei der Reichsbank vom August 1916 betrug der Nominalwert der angemeldeten Papiere 16,248 Milliarden Goldmark. Davon sind nach den Ausführungen in "Wirtschaft und Statistik" zunächst abzuziehen 6,180 Goldmark: Schätzung der in den Jahren 1616/19 (offensichtlich von Ende August 1916 bis 1. April 1919) ausgeführten Effekten. Ferner sind 832 Millionen Goldmark abzuziehen: Summe der zum Zweck der Devisenbeschaffung — vor allem zu Auslandseinkäufen — in der Kriegs- und Nachkriegszeit (1917, 1919) vom Reich erfaßten und veräußerten Effekten. Weiter sind die nach dem Stand vom August 1916 im feindlichen Ausland im Depot gelegenen und der Liquidation verfallenen Effekten im Betrag von 3,887 Milliarden Goldmark in Abzug zu bringen. Die auf Grund des Friedensvertrags abgelieferten Effekten belaufen sich auf 792 Milliarden Goldmark. In der Zeit vom 1. April 1919 bis Ende 1922 wurden Effekten im Betrage von etwa 1 Milliarde Goldmark ausgeführt. Es sind also von den 16,248 Milliarden Goldmark, die Ende August 1916 bei der Reichsbank angemeldet worden sind, 12,691 Milliarden abzusetzen. Gleichfalls abzusetzen sind die "nicht sichergestellten" österreichisch-ungarischen Vorkriegsschulden: nach dem Stande vom November 1922 gegen 1,4 Milliarden Goldmark. Es verblieben also Ende 1922 in deutschem Besitz Effekten im Nominalwert von 2,157 Milliarden Goldmark. Nach den Ausführungen des Statistischen Reichsamts umfaßte dieser Rest "zur Hauptsache russische Werte, österreichisch-ungarische sichergestellte Staatsanleihen, Dividendenpapiere und Gesellschaftsobligationen, ferner türkische, rumänische und ähnliche notleidende Staatspapiere, von denen ein Teil die Zinszahlungen an deutsche Besitzer ganz eingestellt hat".

Daneben besaßen, wie bereits ausgeführt, Deutsche, das sind hier immer in Deutschland wohnende Staatsangehörige, im Ausland Eigentum an Bergwerken, Fabriken usw. oder waren an solchen Unternehmungen beteiligt. Man kann annehmen, daß dieses früher Zinsen usw. liefernde Eigentum zu einem großen Teil liquidiert oder sequestriert worden ist.

Man kann nun annehmen, daß die Erfassung der ausländischen Wertpapiere in Deutschland nicht vollständig gelungen ist, daß nicht das gesamte ausländische Eigentum und sämtliche ausländische Beteili=

gungen liquidiert oder sequestriert worden sind; die Annahme von Keynes (vgl. Wirtschaftsdienst, 9. Jahrgang, Seite 481), daß 1919 (es ist wohl Anfang 1919 gemeint) ausländische Guthaben in Höhe von 4 Milliarden Goldmark verblieben, erscheint uns recht hoch.

Ganz unsicher ist nun die Wertangabe der Neuerwerbungen an ausländischen Guthaben nach dem Kriege. Der Bericht der Sachverständigen hat versucht, einen Überblick über die deutschen Kapitalanlagen jeder Art im Ausland zu geben: also fremde Wertpapiere und Beteiligungen an ausländischen Unternehmungen. Die Sachverständigen glauben, daß der Wert dieser Auslandskapitalien zwischen 5,7 und 7,8 Milliarden Goldmark Ende 1923 lag, wahrscheinlich in der Mitte: 6,75 Milliarden Goldmark. In diesen Auslandskapitalien sind auch diejenigen Kapitalien (insbesondere oberschlesische Industriewerte) enthalten, die erst durch die Gebietsabtretungen zu Auslandskapitalien geworden sind. Es ist kaum möglich, zu dieser Schätzung Stellung zu nehmen. Die Sachverständigen geben nicht einmal die Höhe der Auslandkapitalien für den Ausgangspunkt, also für Anfang 1919, an. Es ist noch weniger ersichtlich, auf welche Weise die beiden, stark voneinander abweichenden Grenzwerte gewonnen sind. Daß die Wahrheit nun gerade in der Mitte liegen soll, ist wohl mehr Sache des Glaubens. Geht man mit Keynes davon aus, daß die Höhe der Auslandanlagen Anfang 1919: 4 Milliarden Goldmark betragen hat, so wären seit Kriegsende 1,7 bis 3,8 Milliarden Goldmark neu erworben worden oder 2,75 Milliarden Goldmark, wenn die Wahrheit wieder in der Mitte liegt. Diesen deutschen Auslandkapitalien stehen nun zahlreiche Kapitalanlagen und Neuanlagen von Angehörigen fremder Volkswirtschaften in Deutschland gegenüber. Die Sachverständigen haben darauf verzichtet, eine Schätzung der gesamten fremden Kapitalanlagen in Deutschland zu geben. Sie behaupten jedoch, „durch sorgfältiges Studium der Frage die Ansicht gewonnen zu haben, daß die Gegenüberstellung der beiden Posten: Einkommen aus deutschen Anlagen im Ausland und Einkommen aus ausländischen Anlagen in Deutschland für die gesamte Nachkriegszeit einen geringen Saldo zugunsten Deutschlands ergibt". Damit sind wir zu unserem Ausgangspunkt zurückgekehrt: die Kapitalertragsbilanz während der Nachkriegszeit bis Ende 1923 lieferte für Deutschland nach der Auffassung der Sachverständigen nur einen kleinen Aktivsaldo, der für die Deckung des außerordentlich hohen Passivsaldos der Handelsbilanz kaum etwas bedeutet.

Auch die anderen Aktivposten der deutschen Verkehrsbilanz der Vorkriegszeit haben ihre Bedeutung verloren. Der früher stattliche Posten der deutschen Verkehrsbilanz: Einnahmen der Handelsflotte aus dem Schiffahrtsverkehr ist fast ganz geschwunden. Gemäß dem Versailler Vertrag wurde der größte Teil der deutschen Überseeflotte ausgeliefert, so daß für 1919 und 1920 keine Einnahmen aus dem Schiffahrtsverkehr eingesetzt werden können. Für 1921 setzt das Washingtoner Institute 60—70 und für 1922 etwa 175 Millionen Goldmark — wiederum auf Grund einer unsicheren Schätzung — ein.

Die an sich nur wenig in die Wagschale fallenden Einnahmen Deutschlands aus dem Durchfuhrverkehr sind gegen die Vorkriegszeit stark gesunken. Das Institute gibt (vgl. 291—293 des Buches) zwei Schätzungen wieder: 25 Millionen die eine, 40—50 Millionen die zweite.

Während man vor dem Krieg annehmen konnte, daß die Einnahmen Deutschlands aus dem Reiseverkehr Fremder den Ausgaben deutscher Reisender im Ausland die Wage hielten, ist hier in der Nachkriegszeit infolge des starken Fremdenzustroms nach Deutschland und des geringen Reiseverkehrs Deutscher im Ausland ein Aktivposten entstanden. Über dessen Höhe sind allerdings in Frankreich und gelegentlich auch in Deutschland phantastische Vorstellungen im Umlauf. So gibt das Institute eine französische „Schätzung" wieder: Durchschnittlich sind an jedem Tag des Jahres 100 000 Fremde in Deutschland, die täglich 10 Goldmark ausgeben; das ergibt jährlich 365 Millionen Goldmark. Deutsche geben im Ausland jährlich 65 Millionen Goldmark aus; also verbleiben für Deutschland jährlich 300 Millionen Goldmark. Das Institute setzt für die 4 Jahre 1919/1922 600 Millionen Goldmark ein, wobei berücksichtigt wird, daß 1919 nur ein geringer Reiseverkehr war, und daß der Reiseverkehr in der zweiten Hälfte 1922 abflaute. Nach diesem gleichfalls groben Überschlag kommen auf das Jahr nur 150 Millionen Goldmark. Der Bericht der Sachverständigen hebt gleichfalls hervor, daß während der fünf seit dem Waffenstillstand vergangenen Jahre in Deutschland beträchtliche Summen von einer großen Zahl von Ausländern ausgegeben worden sind, die im Lande gereist sind und gewohnt haben. „Unsere Schätzung der Ausgaben dieser Reisenden wurde durch die amtliche Statistik erleichtert, welche die größten deutschen Städte aufgestellt haben, und durch den besonderen Bericht, welchen die deutsche Regierung über diesen Gegenstand geliefert hat." Dieser Bericht liegt der Öffentlichkeit zurzeit nicht vor. Der Ausschuß behauptet, daß er eine ziemlich genaue Vorstellung von der Zahl der Ausländer hätte gewinnen können, die während der fraglichen Zeit nach Deutschland kamen, sowie von der durchschnittlichen Dauer ihres Aufenthaltes und von den täglichen Ausgaben jedes Reisenden. Im Anschluß daran hebt der Bericht hervor, daß diesen Einnahmen aus dem Reiseverkehr erhebliche Summen gegenüberstehen, welche besonders in den letzten zwei bis drei Jahren durch deutsche Reisende im Ausland ausgegeben worden sind. Diese Summen sind von den Ausgaben der Ausländer in Deutschland abzuziehen. Sie vermindern, wie der Bericht betont, die Höhe der Einnahmen aus dem Reiseverkehr sehr beträchtlich (very considerable); man sucht allerdings vergeblich nach einer Zahlenangabe.

Der vorhin mitgeteilte Passivsaldo der Handelsbilanz für die Jahre 1919 bis 1922 wird also nur zu einem kleinen Bruchteil von den aufgeführten Aktivposten der Verkehrsbilanz gedeckt. Zu diesem Passivsaldo, der auf 11 Milliarden Goldmark beziffert wurde, treten im übrigen noch die deutschen Barleistungen auf Grund des Versailler Vertrages. Nach den Angaben des Statistischen Reichsamts (vgl. „Deutschlands Wirtschaftslage" S. 23) wurden bis Ende 1922 insgesamt 2,23 Milliarden Goldmark geleistet. Hierzu kamen bis Ende 1922 noch 615 Millionen Goldmark im Ausgleichsverfahren, 895 Millionen Goldmark innere Besatzungskosten und 94 Millionen Goldmark für die Interalliierten Kommissionen. Für das Problem der Verkehrsbilanz ist allerdings die Tatsache in Rechnung zu stellen, daß ein Teil dieser Beträge wieder in Deutschland verausgabt wurde. Immerhin bleibt für die 4 Jahre ein Gesamtpassivum in Höhe von mindestens 13 Milliarden Goldmark.

Auf welche Weise wurde dieses Passivum gedeckt? Nach v. Glasenapps Angaben gab zunächst die Reichsbank Gold ab im Betrage von etwas über 1 Milliarde Goldmark, und zwar im Jahre 1919 zur Beschaffung von Nahrungsmitteln und im Jahre 1921 zur Zahlung der Reparationsschuld. Der Sachverständigenbericht nimmt unter Heranziehung amtlicher deutscher Statistiken an, daß hauptsächlich in den Jahren 1919 bis 1921 und 1923 Gold im Werte von 1½ Milliarden ins Ausland ausgeführt worden ist. Nach der Angabe des Statistischen Reichsamts (vgl. „Wirtschaft und Statistik", Jahrgang 1923, S. 64) wurden ferner in der Zeit vom 1. April 1919 bis Ende 1922 für rund 1 Milliarde Goldmark fremde Effekten ausgeführt.

In der Hauptsache erfolgte aber die Begleichung durch Abgabe von deutschem Markgeld; in erheblich geringerem Umfang durch Verkauf deutscher Werte (Effekten, Grundstücke usw.), in größerem Umfang auch durch die Aufnahme von kurzfristigen Handelskrediten.

Was die Abgabe von deutschem Markgeld angeht, so hat Keynes in einem seiner Wiederaufbauhefte (Nr. 8 vom Ende September 1922) eine detaillierte Schätzung aufgemacht: er kommt für die Zeit von 1919 bis Mitte 1922 auf 8 Milliarden Goldmark. Das bedeutet immer, daß sich 8 Milliarden Goldmark ergeben, wenn man die verkauften Papiermark nach dem zur Zeit des jeweiligen Verkaufs geltenden Kursstande in Goldmark umrechnet. Wie er darlegt, kann der Übergang von Markgeld in die Verfügung des Auslandes auf dreierlei Art geschehen: durch Verkauf von Reichsbanknoten, durch Eröffnung von Konten, die zugunsten von Ausländern bei deutschen Banken erfolgt, durch Verkauf von staatlichen und städtischen Schuldverschreibungen. Im Anschluß an Schätzungen v. Glasenapps beziffert Keynes den Wert der an das Ausland verkauften Reichsbanknoten auf 3,5 Milliarden Goldmark, eine Schätzung, von der er glaubt, „daß sie noch immer zu hoch ist". Die Höhe der Konten, die Ausländern bei deutschen Banken eröffnet worden sind, glaubt er auf höchstens 1,5 Milliarden Goldmark beziffern zu können. Wie Keynes immer wieder betont, fehlen ausreichende Unterlagen, um genauere Schätzungen vornehmen zu können; er hält seine Angaben in jedem Fall für Höchstschätzungen. Die Umrechnung in Goldmark hat, wie nochmals betont sei, immer nur den Sinn, daß sie den Goldmarkgegenwert zur Zeit des Verkaufs der Papiermark wiedergibt. Der größte Teil der in vergangenen Jahren verkauften deutschen Markgelder ist wertlos geworden. Ein anderer Teil des in die Hände der Ausländer gelangten Papiergeldes hat, das ist bereits hier mit Nachdruck hervorzuheben, allerdings den Weg in die deutsche Volkswirtschaft gefunden und ist im „Reiseverkehr der Fremden" wieder in Deutschland angelegt oder zum Ankauf von deutschen Aktien, Grundstücken, Wohnhäusern, Hotels, Geschäftshäusern, Wäldern usw. verwendet worden.

Der Sachverständigenausschuß hat offensichtlich besonders gründlich die bei deutschen Banken angelegten Guthabenkonten der Ausländer untersucht. Mit Hilfe von sachverständigen Bücherrevisoren suchte der Ausschuß so genau wie möglich den Gesamtbetrag des Schwundes der zahlreichen Konten infolge der Markentwertung festzustellen. Zu diesem Zweck wurden die führenden Banken in Deutschland gebeten, aus ihren

Büchern die Belege auszuziehen, die über die Höhe der Kredit- und Debetsalden in den Konten — also doch nur, soweit Markkonten in Betracht kommen — aller Ausländer am Schluß eines jeden Monats von Ende 1918 bis Ende 1923 Aufschluß geben. „Nach Abschluß der ganzen sehr umfangreichen Untersuchung ergab sich, daß Deutschland durch den Verkauf von Markguthaben Gewinne in Höhe von 7—8 Milliarden Goldmark erzielt hatte (had profited)."

Dazu kommt nach der Schätzung des Ausschusses noch ein Verkauf von Papiermark ins Ausland im Betrag von 600—700 Milliarden Goldmark. Der „Gesamtgewinn" aus den beiden Quellen beläuft sich also auf 7,6—8,7 Milliarden Goldmark. Wenn Keynes in dem bereits genannten Heft des „Wirtschaftsdienstes" behauptet, daß seine Schätzungen unter Berücksichtigung des verschiedenen Endtermins, der seiner Schätzung (Mitte 1922) und derjenigen des Ausschusses (Ende 1923) zugrunde lag, durch die Schätzungen des Ausschusses bestätigt worden seien, so irrt er offensichtlich. Man vergleiche seine Angaben über die Höhe der Konten, die Ausländern bei deutschen Banken eröffnet worden sind (September 1922: 3 Milliarden Goldmark), mit den meines Erachtens unwahrscheinlich hohen Zahlen, welche der Ausschuß zugrunde gelegt hat; man vergleiche die meines Erachtens viel zu geringe Summe, welche der Ausschuß für den Verkauf von Papiermark ins Ausland einsetzt, mit seinem wesentlich höheren Betrag.

Die Auffassung des Ausschusses, daß Deutschland durch den Verkauf von Markguthaben „Gewinne" in Höhe von 7—8 Milliarden Goldmark erzielt habe, deckt sich im wesentlichen mit Ausführungen von Keynes, die Keynes selbst für so geistreich hält, daß er sie immer von neuem wiederholt (vgl. zuletzt seinen Aufsatz im „Wirtschaftsdienst"). Keynes führt hier aus: „Der Betrag, den Deutschland anscheinend auf Reparationskonto gezahlt hat, entspricht nahezu demjenigen, den das Ausland für wertlosen Markbesitz aufgewandt hat... Wie uns berichtet wird, hat 1 Million Ausländer Bankguthaben in Deutschland erworben, und jedes dieser Konten hat seinem Eigentümer durchschnittlich etwa 400 £ gekostet. Diese leichtgläubigen Leute sind es also, die bislang die Rechnung bezahlt haben. Das ist die wohlhabende Gruppe — etwa Bankiers und Finanzsachverständige. Hinter ihnen kommen die vielen Millionen, die Dienstmädchen und Friseusen, die für den Wert von ein paar Schillingen, ein paar Pfunden der wankenden Reichsbank ihre Noten früh von der Presse fortkauften, bis alle Welt den Duft einer neuen deutschen Note kannte."

Demgegenüber ist darauf hinzuweisen (vgl. auch Kuczynski in seiner Finanzpolitischen Korrespondenz vom 12. Mai 1924), daß Deutschland, wenn wir die Berechnungen des Institute heranziehen, Reparationen im Werte von 17—18 Milliarden Goldmark durch den erzwungenen Verzicht auf das im Ausland beschlagnahmte Eigentum deutscher Staatsangehöriger, auf das Reichs- und Staatseigentum in den Abtretungsgebieten, auf die Saargruben, auf nichtmilitärische Rücklaßgüter an der Westfront usw. geleistet hat. Außerdem hat Deutschland noch für etwa 8 Milliarden Goldmark Barzahlungen und Sachlieferungen geleistet. Wenn demgegenüber betont wird, daß Deutschland durch den Verkauf von Markguthaben Gewinne in Höhe von 7—8 Milliarden Goldmark erzielt hat, so wird vollkommen vergessen, daß ein großer Teil dieser Markguthaben dazu verwendet worden ist, um deutsche Werte (Effekten und Grundbesitz) zu erwerben oder die Aufenthaltskosten in Deutschland zu bestreiten. Diese Auffassung ist auch durch den Bericht der Sachverständigen nicht erschüttert. Sie liefern keinen Beweis für ihre der bisherigen Auffassung widersprechende Behauptung: „in den meisten Fällen waren die Markkredite dieser Konten nicht unmittelbar benutzt worden und hatten durch die Markentwertung einen Schwundprozeß durchgemacht, der schließlich auf eine wirkliche Verflüchtigung hinauslief."

Es fehlen allerdings zuverlässige Unterlagen, um den Umfang der deutschen Aktien, die in ausländischen Besitz übergegangen sind, zu schätzen; es sind gleichfalls nur geringe Anhaltspunkte vorhanden, um den Erlös aus dem Verkauf deutscher Wohnhäuser, Hotels, Geschäftshäuser, Landgüter, Wälder usw. zu veranschlagen. Keynes kommt in seinem vorhin herangezogenen Aufsatz, der allerdings nur die Zeit von 1919 bis Mitte 1922 umfaßt, auf 1 Milliarde Goldmark als Erlös für den Verkauf deutscher Aktien und deutschen Eigentums überhaupt. Das Institute of Economics glaubt im Anschluß an Kuczynski für den Verkauf von deutschen Schuldverschreibungen (insbesondere städtischen) und deutschen Aktien während der Zeit von 1919 bis Ende 1922 mindestens 3 Milliarden Goldmark einsetzen zu können. Dazu ist allerdings zu bemerken, daß Keynes offenbar die von dem Institut besonders hoch eingesetzten municipal bonds bereits in seine Berechnung des Verkaufs von deutschem Markgeld einbezogen hat. Den Verkauf an Wohnhäusern veranschlagt das Institute auf 4 Milliarden Goldmark; dazu kommt — wiederum nach der Schätzung des Institutes — noch 1 Milliarde Goldmark für den Verkauf von landwirtschaftlichen Grundstücken, Wäldern usw. Das Institute nimmt an, daß „möglicherweise" von den roh auf 8 Milliarden Goldmark bezifferten deutschen Werten (Aktien, Schuldverschreibungen, Wohnhäusern usw.) Werte in Höhe von 4 Milliarden Goldmark von den Ausländern mit Hilfe von Papiermark erworben worden sind.

Kurzfristige Handelskredite sind nach Keynes' Schätzung von Deutschen während der 4 Jahre in Höhe von 0,5—1 Milliarde Goldmark aufgenommen worden.

Gegenüber den Schätzungen des Institute of Economics kommt der Bericht des Sachverständigenausschusses zu wesentlich anderen Ergebnissen. Er beziffert den Erlös aus Verkäufen von deutschem Grundbesitz und deutschen Wertpapieren an Ausländer während der Nachkriegszeit auf nur 1½ Milliarden Goldmark. Den Wert des Hauseigentums und den Wert der Wertpapiere, die Ausländer in Deutschland besitzen, beziffert er für Ende 1923 auf 1—1,5 Milliarden Goldmark. Dem Ausschuß lagen, wie er erwähnt, bei der Schätzung der Verkäufe von deutschem Grundbesitz verschiedene Statistiken vor, die ausführlich die Anzahl und die Höhe der Verkäufe von Grundeigentum an Ausländer seit dem Krieg in einigen der wichtigsten Städte Deutschlands und auch in Gegenden, die verschiedenen wirtschaftlichen Charakter haben, angaben. Was die Wertpapiere angeht, so war Deutschland nach der Ansicht des Ausschusses während des ersten Teiles der Nachkriegszeit in der Lage, eine Anzahl seiner Wertpapiere im Ausland auf den Markt zu bringen; sobald seine finanzielle Lage ungewisser wurde, wurden nach der Ansicht des Ausschusses die meisten dieser Transaktionen eingestellt. Kuczynski nimmt an, daß die Sachverständigen hier einem Mißverständnis zum Opfer gefallen seien; die Auskünfte, die sie erhalten hätten, könnten sich nur auf Schuldverschreibungen beziehen, hingegen nicht auf Aktien. Man kann annehmen, daß der vom Institute eingesetzte Erlös aus dem Verkauf von Wohnhäusern, Landgütern usw. in Höhe von 5 Milliarden Goldmark zu hoch eingeschätzt ist. In jedem Fall ist der Erlös mit 1½ Milliarden Goldmark ganz wesentlich zu niedrig eingeschätzt. Ebenso ist der Wert dieses Ausländerbesitzes an deutschem Grundeigentum und deutschen Wertpapieren für Ende 1923 mit 1—1½ Milliarden Goldmark zweifellos zu gering angenommen. Es ist schwierig, den wirklichen Erlös und den Wert für Ende 1923 festzustellen; es ist noch schwieriger festzustellen, in welchem Umfang dieser Ausländerbesitz mit Markguthaben erworben worden ist. Kuczynski deutet deshalb mit Recht an, daß sich der Ausschuß seine Aufgabe zu leicht gemacht hat, wenn er mit Hilfe von Kontoauszügen den Gewinn der deutschen Wirtschaft aus den Markverkäufen feststellen will.

C. Bemerkungen über die zukünftige Gestaltung der deutschen Zahlungsbilanz.

Um eine ungefähre Vorstellung von dem Aufbau und der Gestaltung der Verkehrsbilanz Deutschlands in den kommenden Jahren zu erhalten, seien vor der Handelsbilanz die sogenannten „unsichtbaren Posten" behandelt.

Geht man davon aus, daß in der kommenden Zeit die deutsche Währung endgültig geregelt wird und die deutsche Volkswirtschaft in normalen Bahnen sich entwickelt, so wird man aller Wahrscheinlichkeit nach nicht fehlgehen, wenn man annimmt, daß die Erträge der von Deutschen im Ausland angelegten Kapitalien und die Erträge der von Ausländern in Deutschland angelegten Kapitalien sich annähernd die Wage halten. Es wäre nicht zu verantworten, wenn man angesichts der vorhandenen zahlenmäßigen Unterlagen mit einer zugunsten Deutschlands aktiven Kapitalertragsbilanz für die nächsten Jahre rechnen wollte.

Die Einnahmen aus dem Schiffahrtsverkehr werden gering sein, auch wenn man in Betracht zieht, daß die deutsche Handelsflotte 1922 zu zwei Fünfteln wiederhergestellt war.

Die Einnahmen aus dem internationalen Bank- und Versicherungsgeschäft werden nach der beispiellosen Vernichtung deutscher Bank- und Handelsbeziehungen eine kaum in Rechnung zu stellende Größe bilden.

Die insbesondere während der Jahre 1920 und 1921 hohen Einnahmen Deutschlands aus dem Reiseverkehr der Fremden werden stark zurückgehen. Nachdem die Währung geordnet ist, wird Deutschland kein „billiges" Land mehr sein, so daß der besondere Anreiz, Deutschland seiner Billigkeit wegen aufzusuchen, wegfällt. Es ist wahrscheinlich, daß sich in den kommenden Jahren die Einnahmen Deutschlands aus dem internationalen Reiseverkehr mit den Ausgaben, die Deutsche im Ausland machen, decken werden.

Alle Aufmerksamkeit wird sich auf die Gestaltung der Handelsbilanz richten. Diese wird in starkem Maße aktiv sein müssen, wenn nennenswerte Reparationsleistungen getätigt werden sollen.

Deutschlands Handelsbilanz war vor dem Krieg in starkem Umfang passiv; vom Jahre 1913 abgesehen, schwankte der Einfuhrüberschuß seit 1909 zwischen 1,5 und 2 Milliarden Goldmark. Infolge der Abtretung der beiden Kornkammern Deutschlands, Posen und Westpreußen, ist Deutschland in noch viel höherem Grade als früher „Industriestaat" geworden. Von der Bedeutung dieser Kornkammern als landwirtschaftlicher Überschußgebiete erhält man eine Vorstellung, wenn man erwägt, daß im letzten Friedensjahr 1913 von der Ernte nach Abzug der Ausfuhr zur Verfügung standen:

Roggen und Weizen pro Kopf im Reichsdurchschnitt . . . 239 kg
   „   „   „   „   „   in den abgetretenen Gebieten
von Posen, Westpreußen und Ostpreußen . . . . . . 570 „
Kartoffeln pro Kopf im Reichsdurchschnitt . . . . 728 „
   „   „   „ in den abgetretenen Gebieten von Posen,
Westpreußen und Ostpreußen . . . . 2032 „

Durch die Abtretung wichtiger Gebiete, die Rohstoffe für die gewerbliche Weiterverarbeitung liefern, ist Deutschland weit mehr als früher zum Rohstoff- und Halbfabrikat verarbeitenden Land, also gewissermaßen zum Industriestaat höherer Potenz geworden.

Legt man die Erzeugung des Jahres 1913 zugrunde, so lieferten die auf Grund des Versailler Vertrags abgetretenen Gebiete (vor allem Lothringen und Oberschlesien):

    26,4 % der Steinkohlen,
    74,5 % „ Eisenerze,
    68,3 % „ Zinkerze,
    26,2 % „ Bleierze.

Damit erfüllen sich alle diejenigen Befürchtungen für Deutschland, die vor dem Krieg insbesondere Adolph Wagner für den Industriestaat aufgezeigt hat: immer schwieriger und teurerer Bezug der landwirtschaftlichen und gewerblichen Rohstoffe, immer schwieriger und weniger lohnender Absatz der Fertigfabrikate. Erschwerend kommt hinzu, daß das Deutschland der Nachkriegszeit verhältnismäßig volkreicher ist als das Deutschland der Vorkriegszeit: die Dichtigkeitsziffer ist gestiegen. Der jährliche Neuzuwachs an Bevölkerung (Überschuß der Geburten über die Sterbefälle), der vor dem Kriege gegen 800 000 Menschen betrug, ist zwar infolge des Geburtenrückgangs gesunken, er betrug aber — bei verhältnismäßig günstiger Sterbeziffer — 1922 immer noch über 500 000 Menschen. Die Auffassung des Dawes-Berichts, die eine wachsende Bevölkerung ohne weiteres als einen Deutschlands Leistungs- und Zahlungsfähigkeit begünstigenden Faktor ansieht, stammt offensichtlich aus der Betrachtung amerikanischer Verhältnisse.

Die Handelsbilanz kann nun für Deutschland günstiger gestaltet werden einmal dadurch, daß der Ertrag der heimischen Landwirtschaft erhöht wird, wodurch die einzuführende Menge an landwirtschaftlichen Erzeugnissen geringer wird. Es ist ohne weiteres zuzugeben, daß eine solche Erhöhung durch die Anwendung von sorgfältig gewonnenem Saatgut, durch stärkeres Düngen, durch eine bessere Ausbildung der Betriebsinhaber möglich ist. Es darf aber nicht vergessen werden, daß merkliche Fortschritte in einem Lande des Mittelbetriebes — annähernd drei Viertel der landwirtschaftlich bebauten Fläche gehören den bäuerlichen Betrieben von 2—100 ha an — nur in langen Zeiträumen möglich sind.

Es ist deswegen fast die ganze Hoffnung, zu einer günstigeren Handelsbilanz zu gelangen, auf eine lohnende und gegen früher stark gesteigerte Ausfuhr gerichtet. Wiederum besteht zunächst theoretisch die Möglichkeit, daß die Produktion und damit die Ausfuhr durch eine weitere Rationalisierung des Produktionsprozesses, durch eine Mehrleistung, die allerdings in wesentlichem Umfang nur bei einer Hebung der bisherigen Lebenshaltung möglich ist, gesteigert werden kann. Der Rückgang der Arbeitsleistung ist zum mindesten eine europäische Erscheinung, der tiefere Ursachen zugrunde liegen. Ob eine Mehrleistung erwartet werden kann, die eine der Einfuhr auch nur gleichkommende Ausfuhr bewirkt, erscheint zurzeit fraglich.

Abgeschlossen am 15. Mai 1924.

Privatversicherung und deutsche Zahlungsbilanz.

Von

Wilhelm Kißkalt.

Inhalt.

		Seite
I.	Vor dem Kriege	35
II.	Während und nach dem Kriege	38
III.	Statistische Angaben	42

I. Vor dem Kriege.

Versicherung ist Sammlung von Risiken zwecks Gefahrenausgleichs. Je größer der Ausgleich, desto vollkommener und sicherer vermag die Versicherung ihren Aufgaben auch im Falle von Katastrophen und Krisen gerecht zu werden.

Ein möglichst großer Ausgleich kann in doppelter Weise herbeigeführt werden. Einmal durch die Sammlung möglichst verschiedenartiger Risiken, sodann durch Entlastung von zu hohen Risiken im Wege der Rückversicherung. Aufgabe der Rückversicherung ist es wiederum, nach den gleichen Grundsätzen wie der Direktversicherer zu verfahren, das heißt durch planmäßige Sammlung möglichst verschiedenartiger Risiken und eventuell durch Weiterrückversicherung einen Ausgleich zu suchen.

Diese Grundsätze gelten insbesondere für die Transport- und Feuerversicherung. Es ist bekannt, daß bei großen Schiffsunfällen, wie dem Untergange der „Titanic", bei großen Brandkatastrophen, wie den großen Stadtbränden in Bergen, Saloniki und Smyrna, auf direktem oder indirektem Wege Versicherer und Rückversicherer der ganzen Welt beteiligt waren. In Erinnerung ist noch heute die Erdbeben- und Brandkatastrophe in San Francisco von 1906, die nicht nur die amerikanischen Gesellschaften aufs stärkste belastet, sondern auch eine ganze Reihe von europäischen, insbesondere deutschen Gesellschaften schwer in Mitleidenschaft gezogen hat. Die größte deutsche Rückversicherungsgesellschaft gibt in ihrem Geschäftsberichte vom 28. Dezember 1906 an, daß sie der Schaden in San Francisco 11 Millionen Goldmark für eigene Rechnung kostete. Andererseits war es aber auch nur durch diese Verteilung des Risikos möglich gewesen, den Versicherten Ersatz ihres Schadens zuzuwenden, eine Aufgabe, der eine einzelne oder auch eine Reihe von nationalen Gesellschaften niemals gewachsen gewesen wäre.

Hiernach drängt der Versicherungsbetrieb in seinen wichtigsten Zweigen, der Transport- und Feuerversicherung, seiner Natur nach zur

Internationalisierung. Aber auch in anderen Gebieten der Privatversicherung war von jeher ein internationales Arbeiten üblich. Neue Gedanken und Methoden, in einem Lande erprobt und durchgeführt, wurden mit mehr oder minder großem Erfolg auch anderen Ländern nutzbar gemacht. So haben in der Lebensversicherung wir von amerikanischen Methoden, insbesondere bezüglich der Popularisierung des Versicherungsgedankens, viel gelernt, während andererseits deutsche Gesellschaften infolge ihrer methodischen Art und soliden Geschäftsführung im Auslande höchstes Vertrauen genossen. Die Kreditversicherung hat von England ihren Einzug in Deutschland, die Haftpflicht- und Maschinenbruchversicherung ihren Zug von Deutschland nach dem Auslande angetreten. Dieser Austausch von Gedanken, Erfahrungen und Methoden sowie der Austausch von Geschäft im Wege der Mit- und Rückversicherung führten zu einer Annäherung der großen Privatversicherungsgesellschaften aller Länder. Die Kongresse der Vereine für Versicherungswissenschaft wurden international besucht; deutsche Fachzeitschriften wurden im Ausland und ausländische in Deutschland verfolgt; der Internationale Transport-Versicherungs-Verband versuchte, Fragen von internationaler Bedeutung zu klären und zu regeln; deutsche Gesellschaften traten den ausländischen und ausländische Gesellschaften den deutschen Fach- und Tarifverbänden als Mitglieder bei.

Die Gesetzgebung der einzelnen Länder legte einem internationalen Arbeiten im allgemeinen keine Hindernisse in den Weg. Die Zulassung wurde regelmäßig nach Prüfung der Bilanzen und nach Errichtung eines jeweils vorgeschriebenen Depots ohne besondere Schwierigkeit gewährt. Nur in bezug auf die Anlegung der Prämienreserven und -überträge, das heißt der nicht verdienten und daher technisch zu reservierenden Prämienteile nahmen einige Länder eine strengere Praxis ein, indem sie verlangten, daß diese Reserven auch von den ausländischen Gesellschaften im Heimatlande belassen und in heimischen Werten mündelsicher angelegt wurden. Die Gründe dieser Vorschrift beruhten indessen nicht etwa auf Befürchtungen eines Krieges oder eines Währungsverfalls, sondern auf dem finanzpolitischen Bestreben, das Geld möglichst im Lande zu erhalten. Diese Vorschrift galt bezüglich der Lebensversicherung in den meisten Ländern, bezüglich der Sachversicherung insbesondere in den Vereinigten Staaten, dort sogar auch bezüglich der Rückversicherung. In Deutschland hat das Reichsaufsichtsamt für Privatversicherung von den heimischen Gesellschaften Anlegung der gesamten Prämienreserven der Lebensversicherung in deutschen Werten verlangt, soweit nicht für Auslandsgeschäft ausländische Vorschriften entgegenstanden. Die Schweiz hatte den ausländischen Gesellschaften die Kapitalsanlage in schweizerischen Werten nicht vorgeschrieben; einheimische schweizerische Gesellschaften bevorzugten sogar mit Vorliebe wegen der gleich guten Sicherheit und besseren Verzinsung Kapitalanlagen in Deutschland.

Die Frage, ob vor dem Kriege direkte deutsche Gesellschaften stärker im Auslande oder ausländische stärker in Deutschland arbeiteten, ist nicht leicht zu beantworten. Zuverlässige Zahlen fehlen; die Veröffentlichungen der Aufsichtsämter enthalten nicht überall die nötige Zergliederung, und die Gesellschaften selbst vermeiden es aus Konkurrenzrücksichten in ihren Geschäftsberichten irgendwelche Ziffern zu bringen.

Im allgemeinen wird sich sagen lassen, daß auf dem Gebiete der Transportversicherung insbesondere englische Gesellschaften stark in Deutschland, deutsche Gesellschaften aber noch stärker im Auslande arbeiteten. Auf dem Gebiete der Feuerversicherung hatten hauptsächlich zwei große englische und zwei große schweizerische Gesellschaften in Deutschland ein ausgedehntes Geschäft. Umgekehrt arbeitete eine Reihe von deutschen Gesellschaften insbesondere in der Schweiz, in Holland, Skandinavien, im Orient, in den Vereinigten Staaten und in überseeischen Ländern. In der Lebensversicherung arbeiteten, um die Hauptländer zu nennen, amerikanische, schweizerische, österreichische und holländische Gesellschaften in Deutschland, deutsche Gesellschaften umgekehrt in der Schweiz, Österreich-Ungarn, Holland, Skandinavien, Spanien, im Orient, zuletzt auch mit Erfolg in Frankreich. Auf dem Gebiete der Unfall- und Haftpflichtversicherung waren es insbesondere schweizerische oder österreichische Gesellschaften, die sich in Deutschland mit großem Erfolg betätigten; umgekehrt arbeiteten deutsche Gesellschaften in den angrenzenden Ländern und selbst in den Vereinigten Staaten.

Ob die Zahlungsbilanz in diesem internationalen Verkehr für Deutschland eine aktive oder passive war, ist unmöglich genau festzustellen. Allzu viele Faktoren sind hier maßgebend; der Umfang des Geschäftes, die Schäden, die Kosten, wobei die Verteilung insbesondere der Zentralverwaltungskosten auf In- und Auslandsgeschäft vielfach schwierig und willkürlich ist, die Investierungen infolge von Depot=

stellungen (deren Zinsen allerdings wieder dem Depotsteller zuflossen), die Frage der Anlegung der Prämienreserven im Inland oder Ausland spielten eine erhebliche Rolle. Im ganzen wird sich wohl sagen lassen, daß die deutsche Zahlungsbilanz auf dem Gebiete des direkten Versicherungsgeschäftes sicher nicht passiv war.

Bestimmt aktiv war sie dagegen in der reinen Rückversicherung. Auf diesem außerordentlich komplizierten Gebiete, in welchem der Rückversicherer es mit einem gleich erfahrenen, das Risiko und die Gewinnhaltigkeit seiner Rückversicherungsabgaben genau kennenden Gegenkontrahenten zu tun hat, und in welchem zwar mit großen Umsätzen, aber nur mit einer sehr bescheidenen Gewinnmarge gerechnet werden kann, war Deutschland führend. Eine Reihe von angesehenen deutschen Unternehmungen hatte sich diesem Gebiete seit Jahrzehnten zugewandt und einen Schatz von Erfahrungen gesammelt, über den die ausländischen Gesellschaften nicht im gleichen Maße verfügten. So kam es, daß in einer Reihe fremder Länder Rückversicherungsgesellschaften überhaupt nicht oder nur in beschränkter Anzahl errichtet wurden und der Markt sich in erster Linie und mit Vorliebe den deutschen Gesellschaften zuwendete. Dies galt nicht nur in Europa, sondern auch in den Vereinigten Staaten, wo eine deutsche Gesellschaft als erste den Gedanken der Rückversicherung in systematischer Weise propagierte, der sodann eine Reihe anderer deutscher und ausländischer Gesellschaften folgte. In besonderer Weise ist über das Gebiet der reinen Rückversicherung hinaus noch die Münchener Rückversicherungsgesellschaft schöpferisch tätig gewesen, indem sie auf dem Wege der Gründung oder Sanierung direkter Gesellschaften im Ausland eine Reihe von Gesellschaften ins Leben rief beziehungsweise erhielt und sich an ihrem Geschäft im Rückversicherungswege in erheblichem Maße quotenweise beteiligte.

II. Während und nach dem Kriege.

Diese aus dem Wesen der Versicherung erfließende internationale Betätigung ist durch den Krieg und die Kriegsfolgen jäh unterbrochen und zerstört worden. Die ausländischen Gesellschaften, abgesehen von denen aus befreundeten und neutralen Ländern, haben sich aus Deutschland zurückgezogen. Die deutschen Unternehmungen und Agenturen im Ausland wurden liquidiert, die bestehenden Versicherungen aufgelöst und anderen Gesellschaften übertragen. Das gleiche galt von den Rückversicherungsverträgen.

Es ist selbstverständlich, daß nach Kriegsbeendigung der erste Gedanke der deutschen Gesellschaften der war, ihr Auslandsgeschäft wieder aufzubauen. Indessen erwiesen die Schwierigkeiten sich größer, als erwartet wurde.

Insbesondere auf dem Gebiete der direkten Versicherung erschwert der durch den Krieg so erstarkte Nationalismus den direkten Gesellschaften, die mit dem Publikum zu arbeiten haben, den Wiederaufbau. Allzu sehr ist mit den Mitteln der Verleumdung, insbesondere mit dem ganz törichten und unberechtigten Vorwurf der Spionage, in den Kriegsjahren und später gegen die deutschen Gesellschaften gearbeitet worden. Dies gilt nicht nur für die früher feindlichen Länder, sondern bezüglich des Gesichtspunktes des Nationalismus selbst für die neutralen. Hierzu kam aber als besonders erschwerendes Moment die Entwicklung der deutschen Valuta. Die sichtbaren Garantiemittel der deutschen Gesellschaften (Aktienkapital und Reserven) sind auf Mark gegründet, und das Vertrauen in die Mark ist ständig geschwunden und heute überhaupt verloren gegangen. Zudem sind die fremden Staaten immer mehr dazu übergegangen, starke Depotstellungen in einheimischer Valuta zu verlangen, deren Beschaffung vielfach für die deutschen Gesellschaften schwierig und, soweit nicht auf eine große Geschäftsausdehnung gerechnet werden konnte, nicht lohnend war. Dazu kam schließlich in den letzten Jahren die Katastrophe in der deutschen Lebensversicherung. Wie oben erwähnt, hatten die deutschen Gesellschaften die Prämienreserven für ihr ausländisches Geschäft, soweit möglich, also insbesondere für ihr Geschäft in der Schweiz, in Holland und in einzelnen skandinavischen Ländern zum größten Teil in deutschen Werten angelegt und waren infolge des Zusammenbruchs der Mark nicht mehr in der Lage, ihren Verbindlichkeiten gerecht zu werden. Die Mißstimmung der hierdurch Geschädigten und das hieraus folgende Mißtrauen übertrugen sich auch auf die Gebiete der Sachversicherung. Die bedauerliche Folge ist, daß es den deutschen Gesellschaften nach dem Kriege nicht nur nicht mehr möglich war, ihr Geschäft in den früher feindlichen Ländern wiederzugewinnen, sondern daß sogar das in den neutralen Ländern immer mehr abbröckelte und schließlich die Kosten nicht mehr lohnte. So haben zum Beispiel in der Schweiz heute sich nicht nur die deutschen Lebensversicherungsgesellschaften, sondern auch die in Feuer arbeitenden fast vollständig zurückgezogen. Nur wenigen ist es gelungen, durch Gründung oder Beteiligung an ausländischen Gesellschaften die für die Fortarbeit nötige Valutabasis zu finden. Lediglich in den Staaten der früher österreich-ungarischen Monarchie war es den deutschen Gesellschaften möglich, ihr Geschäft im ganzen aufrechtzuerhalten, teilweise sogar zu erweitern.

Bildet hiernach die deutsche direkte Versicherung keinen wesentlichen Aktivposten mehr in der deutschen Zahlungsbilanz, so läßt sich umgekehrt auch nicht behaupten, daß das Eindringen fremder Gesellschaften nach dem Kriege die deutsche Zahlungsbilanz stark belastet habe. Der ständige Verfall der deutschen Valuta hat die ausländischen Gesellschaften, insbesondere die englischen, abgeschreckt, in einem Lande zu arbeiten, in dem außer dem normalen Versicherungsrisiko noch ein so erhebliches Kursrisiko bei allen Kalkulationen in Betracht zu ziehen ist. Neuerdings droht hier allerdings insofern eine Gefahr, als infolge des Verfalls der Mark weite Kreise, insbesondere industrielle, ein starkes berechtigtes Bedürfnis haben, für ihre Rohstoffe, Produkte, Inventar und Gebäude wertbeständige Versicherungen in fremder Valuta abzuschließen, und die Devisenpolitik der Regierung dies den deutschen Gesellschaften nur in sehr beschränktem Maße gestattet. Die Folge ist, daß immer mehr Versicherungen solcher Art heimlich ins Ausland abwandern, eine Erscheinung, die mit Verboten nicht zu verhindern ist, da sie sich der Kontrolle entzieht und das bestehende Bedürfnis von geschickten Vermittlern, die ihre Provision in fremder Valuta beziehen, gefördert wird.

Wesentlich günstiger liegen die Verhältnisse heute schon auf dem Gebiete der Rückversicherung. Zwar sind die früher so wichtigen Geschäftsgebiete Rußland, Frankreich, England und die Vereinigten Staaten dem deutschen Rückversicherungsmarkte auch heute noch nicht erschlossen. Dagegen wird mit Italien, Polen, Rumänien, Jugoslawien schon wieder gearbeitet, und insbesondere war hier die Arbeit mit den während des Krieges neutralen Staaten (Schweiz, Holland, Skandinavien) sowie mit den Ländern der früher österreichisch-ungarischen Monarchie, insbesondere mit der Tschechoslowakei niemals unterbrochen. Die Erfahrung und die Technik der deutschen Gesellschaften stand hier zu hoch, als daß sie von den unendlich zahlreichen Kriegsgründungen auf dem Gebiete der Rückversicherung so bald hätte ersetzt werden können, und in der Tat hat eine ganze Reihe von Zusammenbrüchen neu gegründeter Rückversicherungsgesellschaften weite Kreise auch im Auslande mißtrauisch gemacht und ihnen die Vorteile ihrer alten Geschäftsverbindungen zum Bewußtsein gebracht. Es kommt hinzu, daß der Verkehr in der Rückversicherung sich mit den Leitern der direkten Gesellschaften abspielt, die von der Woge des Chauvinismus nicht im gleichen Maße erfaßt sind wie das der Beeinflussung der Konkurrenz und den Schlagworten mehr ausgesetzte breite Publikum, und die in langjährigen geschäftlichen und persönlichen Beziehungen Vertrauen zu der Leitung der deutschen Gesellschaften gewonnen haben. Das Haupthindernis, auf das auch die deutschen Rückversicherungsgesellschaften immer wieder stoßen, ist das Mißtrauen in die Mark, auf die ihr Kapital und ihre Reserven aufgebaut sind. Dieser Gesichtspunkt hat eine große deutsche Gesellschaft schon heute genötigt, durch Errichtung einer auf Edelvaluta gegründeten ausländischen Tochtergesellschaft ihren Geschäftsfreunden eine einwandfreie Garantiebasis zu bieten. Im übrigen haben die ausländischen Gesellschaften durch Veränderung der Praxis im Geschäftsverkehr sich reale Sicherheit zu schaffen gesucht. Während sie früher in der Sachversicherung allgemein gewohnt waren, die Prämien abzüglich Provision und bezahlte Schäden auszukehren, also auch die Prämienüberträge dem Rückversicherer zu überweisen und bei ihm zu belassen, sind sie heute fast allgemein dazu übergegangen, die Prämienüberträge einzubehalten, teilweise sogar sich durch Einbehaltung weiterer Depots über die Prämienüberträge hinaus eine Sicherheit zu verschaffen. Diese Schaffung von Sicherheiten erfolgte in der Regel und erfolgt noch durch Einbehaltung der fälligen Abrechnungssaldi. Die Konsequenz war, daß die deutschen Rückversicherer in den letzten Jahren nur wenig Rimessen in Auslandsvaluta erhielten, dagegen, soweit Sicherheiten über die technisch notwendigen Reserven hinaus einbehalten wurden, sich für sie allmählich gebundene Guthaben bildeten, die als Basis für ein weiteres Fortarbeiten dienen und nach Erreichung der jeweils vertraglich vereinbarten Sicherheiten auch wieder die Hereinziehung der überschießenden Beträge nach Deutschland ermöglichen werden, soweit sie nicht als Reserve für außergewöhnliche Schadenfälle im Ausland zu belassen sind. Der Übergangszustand kann allerdings heute schon im wesentlichen als überwunden gelten, und einigen deutschen Rückversicherungsgesellschaften ist es in der letzten Zeit schon wieder möglich gewesen, Auslandsrimessen nach Deutschland zu ziehen. Jedenfalls handelt es sich hier um einen Faktor der deutschen

Zahlungsbilanz, der, wenn auch heute noch von keiner großen Bedeutung, doch eine solche wieder im wachsenden Maße zu erlangen im Begriffe ist und schon um deswillen die höchste Förderung verdient, weil er ohne irgendwelchen Aufwand von Rohstoffen, rein auf Grund vertraglicher und rechnerischer Vorgänge zur Verbesserung der deutschen Zahlungsbilanz beizutragen geeignet ist.

III. Statistische Angaben.

Nachstehend folgen zu obigen Ausführungen noch einige statistische Zahlen.

1. **Ausländisches Geschäft der deutschen direkten Gesellschaften.** Hierüber enthalten die Veröffentlichungen des Reichsaufsichtsamt für Privatversicherung einige Ziffern, die indessen ein vollständiges Bild nicht gewähren, da Zahlen über die der Reichsaufsicht nicht unterstehenden Transportversicherungs- und Rückversicherungsgesellschaften fehlen.

In den übrigen Branchen betrug die Prämie (aus direktem und Rückversicherungsgeschäft) des Auslandsgeschäftes der direkten deutschen Gesellschaften:

	Sachversicherung Mark	Leben Mark	Unfall Mark
1908	64 863 940	40 637 000	7 047 000
1909	68 417 766	44 752 000	7 682 000
1910	73 483 725	51 179 000	9 502 000
1911	79 784 509	58 520 000	10 132 000
1912	86 198 895	62 910 000	10 367 000
1913	90 282 508	68 066 000	9 932 000
1914	80 439 574	73 100 000	8 776 000
1915	66 327 985	67 632 000	7 188 000
1916	66 811 877	70 056 000	7 573 000
1917	51 204 271	80 416 000	7 233 000
	727 815 020	617 268 000	85 432 000

Von den Zahlen der Sachversicherung entfällt weitaus die Hauptsache (über 90%) auf die Feuerversicherung. Im Verhältnis zur Gesamtprämie der Feuerversicherung betrug im letzten Friedensjahre 1913 die Prämie des Auslandsgeschäftes 86 392 164 Mark von 299 358 688 Mark, das ist 28,8%. In irgendwelchen ausländischen Gebieten waren im Jahre 1913 44 in der Feuerversicherung, 22 in der Lebensversicherung, 17 in der Unfall- und Haftpflichtversicherung arbeitende Gesellschaften zugelassen.

Privatversicherung und deutsche Zahlungsbilanz.

Was die Verteilung des Geschäftes nach Ländern anlangt, so finden sich Angaben hierüber in den Veröffentlichungen der Aufsichtsämter einzelner fremder Länder. Hiernach betrug die Gesamtprämie der deutschen direkten Gesellschaften im letzten Friedensjahr 1913:

in der Schweiz . . . . 19 689 387 Fr.
„ Österreich . . . . 36 273 740 ö. Kr.
„ Schweden . . . . 1 377 028 schw. Kr.
„ Norwegen . . . . 4 626 404 n. Kr.

Diese Zahlen sind mit den oben genannten, den Veröffentlichungen des Reichsaufsichtsamtes entnommenen, nicht vergleichbar. Denn sie beziehen sich, im Gegensatz zu den obigen des Aufsichtsamtes, auf nur einige Länder und umfassen einerseits auch die Transportversicherung, andererseits nicht alle Prämien aus Rückversicherungsgeschäft.

In den Vereinigten Staaten umfassen die in The Fire Insurance Pocket Index veröffentlichten Zahlen ungetrennt das Geschäft der deutschen direkten und Rückversicherungsgesellschaften. Die Prämie, die insbesondere in der Feuer- und Lebensbranche zum weitaus größten Teile auf die Rückversicherung entfällt, betrug im Jahre 1913:

Feuer . . . . 11 427 011 $
Transport . . . . 264 005 $
Unfall und Glas . . . . 1 134 228 $
Leben . . . . 205 442 $

2. **Deutsches Geschäft ausländischer Gesellschaften.** Über dieses enthalten die Veröffentlichungen des Reichsaufsichtsamtes für Privatversicherung Zahlen in den Zweigen, die seiner Aufsicht unterliegen, also in allen Branchen mit Ausnahme der Trasportversicherung und Rückversicherung.

Hiernach betrugen diese Ziffern in den letzten zehn Jahren:

1908 . . . . 84 644 973 Mark
1909 . . . . 87 158 816 „
1910 . . . . 89 934 942 „
1911 . . . . 93 208 017 „
1912 . . . . 98 375 529 „
1913 . . . . 100 493 442 „
1914 . . . . 77 475 324 „
1915 . . . . 70 106 784 „
1916 . . . . 70 888 153 „
1917 . . . . 70 546 634 „
Gesamt: 842 832 614 Mark.

Nach Ländern getrennt betrugen die Zahlen in den Jahren:

	1908 Mark	1913 Mark	1917 Mark
Amerika	22 210 082	24 213 329	20 959 969
Belgien	229 683	287 646	268 602
Dänemark	492 746	762 669	1 461 166
England	17 970 223	20 127 009	—
Frankreich	1 095 133	1 494 025	—
Niederlande	4 976 908	4 887 905	4 239 720
Österreich-Ungarn	11 498 396	16 198 598	12 703 409
Schweden	382 798	270 564	111 619
Schweiz	25 789 004	32 251 697	30 802 149

Was die Verteilung auf die einzelnen Branchen anlangt, so haben amerikanische Gesellschaften ausschließlich in der Lebensversicherung gearbeitet. In der gleichen Branche arbeiteten mit besonderem Erfog österreichisch-ungarische und schweizerische Gesellschaften. In der Feuerbranche kamen in erster Linie englische und schweizerische Gesellschaften in Betracht; in der Unfall- und Haftpflichtbranche schweizerische und österreichische Gesellschaften. Nachstehend wird die Zusammensetzung der Prämie des letzten Friedensjahres 1913 nach einzelnen Branchen gegeben:

Leben	47 161 525 Mark
Feuer	30 526 910 "
Unfall und Haftpflicht	19 748 295 "
Einbruch—Diebstahl	1 104 491 "
Übrige Branchen	1 952 221 "
Gesamt:	100 493 442 Mark.

Was die Anzahl der Gesellschaften anlangt, so arbeiteten im Jahre 1913 an ausländischen Gesellschaften in der Feuerversicherung 27, in der Lebensversicherung 21, in der Unfall- und Haftpflichtversicherung 8.

Ein Vergleich dieser Prämienziffern mit den erstaufgeführten unter 1. scheint ein starkes Prämienplus zugunsten der deutschen Gesellschaften zu ergeben. Dieser Schluß ist indessen nicht zulässig, da das ausländische Geschäft der direkten deutschen Gesellschaften auch das von ihnen mitbetriebene Rückversicherungsgeschäft umfaßt, was bei dem deutschen Geschäft der ausländischen Gesellschaften nicht immer der Fall ist.

3. Auf dem Gebiete der reinen Rückversicherung mögen über den Umfang des Geschäftes der deutschen Rückversicherungsgesellschaften

die nachstehenden, den Abschlüssen der vier größten Gesellschaften entnommenen Zahlen über Prämieneinnahme einen Anhalt geben:

Prämieneinnahme 1913

Hamburg	86 022 569 Mark
Kölnische Rück	41 042 154 „
Münchener Rück	204 454 297 „
Süddeutsche Rück	20 811 801 „
Insgesamt:	352 330 821 Mark

Demgegenüber bringen wir aus den übrigen Hauptländern für Rückversicherung für das gleiche Jahr 1913 die Zahlen ausländischer Gesellschaften. Zur Verfügung stehen nur die Geschäftsberichte; wir waren bemüht, jeweils die beiden größten reinen Rückversicherungsgesellschaften zu finden, mit Ausnahme der Schweiz, die nur eine überragende Rückversicherungsgesellschaft hat:

Österreich (zwei Gesellschaften)	34 945 967 ö. Kr.
Dänemark „ „	19 075 730 d. Kr.
Schweiz (eine Gesellschaft)	51 677 607 Fr.
Frankreich (zwei Gesellschaften)	20 811 844 Fr.

Das Gesamtgeschäft dieser sieben großen ausländischen Gesellschaften betrug daher zusammen weniger als die Hälfte des deutschen Gesamtgeschäftes der vier größten Gesellschaften und weniger als das Geschäft der größten deutschen Gesellschaft.

Was die Zusammensetzung des Geschäftes der deutschen Rückversicherungsgesellschaften anlangt, so konnte im Frieden angenommen werden, daß etwa zwei Drittel des Geschäftes aus dem Auslande stammten.

Infolge des Krieges hat sich das Rückversicherungsgeschäft der genannten ausländischen Gesellschaften sehr erheblich erhöht. So wies die oben behandelte Schweizer Gesellschaft im Jahre 1921 eine Prämie von 158 456 663 Franken aus, die erwähnten französischen Gesellschaften eine solche von 52 935 490 Franken.

Umgekehrt hat sich, wie oben erwähnt, das Geschäft der deutschen Rückversicherungsgesellschaften wesentlich vermindert; es dürfte, in Goldmark gerechnet, heute ein Drittel des Friedensbestandes umfassen. Von diesem Bestande entfällt indessen heute sogar ein größerer Prozentsatz (schätzungsweise mindestens 90%) auf Auslandsgeschäft, da in den Gesamtziffern das Markgeschäft wegen der Entwertung der Mark im

Zusammenhang mit der in Deutschland allgemein gewordenen Unterversicherung keine wesentliche Rolle mehr spielt.

Was schließlich den Rimessenverkehr der deutschen Gesellschaften anlangt, so finden sich interessante Zahlen über den Verkehr mit den Vereinigten Staaten im Fire Insurance Pocket Index. Hiernach war dieser Verkehr in den Jahren 1908—1916 folgender, wobei die Pluszahlen die Rimessen zugunsten, die Minuszahlen die Rimessen zuungunsten Deutschlands zeigen:

```
1908 . . . . . . . . . . . . . . . .  +   526 047 $
1909 . . . . . . . . . . . . . . . .  +   674 143 $
1910 . . . . . . . . . . . . . . . .  +   604 684 $
1911 . . . . . . . . . . . . . . . .  —   428 353 $
1912 . . . . . . . . . . . . . . . .  +   646 525 $
1913 . . . . . . . . . . . . . . . .  +   380 358 $
1914 . . . . . . . . . . . . . . . .  —   945 799 $
1915 . . . . . . . . . . . . . . . .  +   106 043 $
1916 . . . . . . . . . . . . . . . .  +   743 346 $
                        In Summe:     + 2 297 994 $
```

Dabei sind die Minusziffern zum Teil nur scheinbare, darauf beruhend, daß Gesellschaften, die in den Vereinigten Staaten das Geschäft neu aufnahmen, im vorweg erhebliche Depots zu stellen genötigt waren. So ist die Minusziffer des Jahres 1911 darauf zurückzuführen, daß in diesem Jahre zwei Gesellschaften das Geschäft neu aufnahmen und an dem ungünstigen Ergebnisse dieses Jahres mit einer Rimesse von zusammen $ 1 022 149 beitrugen. Im Jahre 1914 fallen von den Rimessen ebenfalls auf eine das Geschäft neu aufnehmende Gesellschaft $ 828 888.

Geschrieben Anfang August 1923.

Der Einfluß der Seeschiffahrt auf Deutschlands Zahlungsbilanz seit Beendigung des Krieges.

Von

Dr. B. Karlsberg.

Inhalt.

	Seite
A. Unmittelbar aus der Seeschiffahrt entstehende Forderungen und Verbindlichkeiten	52
B. Mittelbar aus der Seeschiffahrt sich ergebende Forderungen und Verbindlichkeiten, sowie im mittelbaren Zusammenhang mit ihr festzustellender Kapitalabfluß und Kapitalzufluß	54
I. Die Personenbeförderung	56
1. Nach Nordamerika	63
2. Nach Südamerika	64
3. Nach Asien, Afrika, anderen überseeischen und europäischen Häfen	64
II. Die Güterbeförderung	71

Das Wort „Schiffahrt" für sich allein steht hinsichtlich seines Inhaltes eindeutig fest. Volkswirtschaftlich wie juristisch bedeutet es gewerbsmäßige Beförderung von Gütern und Personen mittels eines zum Befahren des Meeres oder der Binnengewässer geeigneten Fahrzeuges. Sobald aber das Wort „Schiffahrt" oder ein Unterbegriff dieses Wortes, die „Seeschiffahrt", zu anderen Vorgängen des Lebens und der Wirtschaft in Beziehung gesetzt wird, so wird man sich vor der eigentlichen Untersuchung des Themas zu einer besonderen Begriffsbestimmung des Wortes „Schiffahrt" vorbereiten müssen. Dieser Satz gilt in verstärktem Maße für den Fall, mit dem wir es im folgenden zu tun haben werden.

Die Notwendigkeit einer eingehenden Untersuchung dessen, was wir hier unter „Schiffahrt" zu verstehen haben, ist schon deshalb dringend erforderlich, weil der volkswirtschaftliche Begriff der Zahlungsbilanz, mit dem wir im folgenden zu rechnen haben, weniger ein umstrittener Begriff als eine praktisch nur schwer und höchstens annähernd darzustellende Tatsache wirtschaftlicher Vorgänge ist. Wenn wir sagen, daß die Zahlungsbilanz eines Landes die rechnerische Gegenüberstellung des gesamten Kredit und Debet des Landes im Verhältnis zu fremden Ländern ist, so haben wir zwar damit den Begriff der Zahlungsbilanz bestimmt, stehen jedoch der Schwierigkeit gegenüber, daß Kredit und Debet in ihrer Totalität sich zahlenmäßig nicht werden veranschaulichen lassen. Wohl sind wir in der Lage, von der passiven oder aktiven Zahlungsbilanz eines Landes zu sprechen, diese oder jene als Tatsache anzunehmen. Einen endgültigen Saldo in diesem oder jenem Sinne zu ziehen, dürfte jedoch eine Unmöglichkeit sein. Diese Unmöglichkeit beruht darauf, daß es der Statistik versagt bleiben muß, alle Verbindlichkeiten und alle Ansprüche des Landes zu erfassen. Zu den unbekannten bekannten Positionen, mit denen man bei Aufstellung der Zahlungsbilanz zu rechnen haben wird, gehört nicht zuletzt der große Komplex von Zahlungen, die auf dem Gebiete der Seeschiffahrt, durch sie selbst oder durch ihre Vermittlung an das Ausland geleistet werden und vom Ausland dem Inland zu leisten sind. So bedeutet die Untersuchung unseres Themas nicht, schlechthin den Einfluß der Seeschiffahrt auf etwas konkret Feststehendes aufzuzeigen, sondern vielmehr kann nur versucht werden, auf alle die Positionen in der Zahlungsbilanz hinzuweisen, welche gleichsam der Seeschiffahrt ihr Dasein verdanken. Deshalb kann es auch nicht genügen, wenn wir uns in unserer Untersuchung auf die Güter- und Personenbeförderung der Seefahrt beschränken. Wir sagten bereits, daß wir es hier mit Vorgängen zu tun haben, die teils unmittelbar ein Produkt der Seeschiffahrt sind, teils jedoch erst mittelbar als Folgeerscheinung des Schiffahrtsbetriebes in Erscheinung treten. So gewinnt der Begriff der Seeschiffahrt im Zusammenhang unseres Themas ein anderes Aussehen, als ihm zu Beginn unserer Ausführungen rein formalistisch gegeben wurde.

Zunächst natürlich werden wir mit dem Einfluß zu rechnen haben, den die Personen-, Güter- und Postbeförderung der Seeschiffahrt auf die Zahlungsbilanz ausübt. Sodann jedoch wird darauf hinzuweisen sein, daß noch andere Faktoren den Einfluß bestimmen, den die Seeschiffahrt als Ganzes auf die Zahlungsbilanz eines Landes gewinnt. Hierunter wird beispielsweise die Tatsache genannt werden müssen, daß die deutschen Schiffe im Auslande Betriebsmaterial aufnehmen, für das sie unmittelbar Zahlungen zu leisten haben, die ohne Zweifel auf der Debetseite der deutschen Zahlungsbilanz aufzuführen sind, ohne daß sie in der Handelsbilanz besondere Berücksichtigung finden. Nicht vergessen werden darf das Schulbeispiel der Zahlungsbilanz, die großen Geldsendungen, die nicht zuletzt gerade durch die Schiffahrtsgesellschaften von Auswanderern ihrer früheren Heimat zugewendet werden. Ich stehe nicht an, diese Geldsendungen im Zusammenhang dieses Themas zu erwähnen, und zwar deshalb, weil gerade die an der Seeschiffahrt beteiligten Unternehmungen das Material für Erfassung (freilich nur eine angenäherte Erfassung) dieser Geldsendungen bieten. Ferner wird in dieser Untersuchung darauf einzugehen sein, inwieweit die Hafenabgaben, sonstigen Abgaben, die Reparaturen usw., die von deutschen Schiffen in fremden Häfen und von fremden Schiffen in deutschen Häfen zu leisten bzw. vorzunehmen sind, beeinflussend auf die Gestaltung der Zahlungsbilanz einwirken.

Somit ergibt sich für diese Arbeit ein ungeheueres Betätigungsfeld, dem wir uns nur mit der Versicherung nähern dürfen, daß keine erschöpfende Darstellung, sondern nur der Versuch einer Klarstellung und Erläuterung beabsichtigt wird.

Wie bereits hervorgehoben, birgt die Erörterung des vorliegenden Themas die große Schwierigkeit in sich, daß eine zahlenmäßige Festlegung der aus der Seeschiffahrt resultierenden Forderungen und Verbindlichkeiten eines Landes gegenüber dem Ausland geradezu eine absolute Unmöglichkeit bedeutet. Soweit es sich daher um den Einfluß der Seeschiffahrt auf die Zahlungsbilanz Deutschlands handelt, wäre es vielleicht zweckentsprechender, von einer Zahlenbilanz als von einer Zahlungsbilanz zu sprechen. Der Grund hierfür liegt auf der Hand. Wir sind außerstande, auch nur angenähert festzustellen, welche Forderungen und Verbindlichkeiten Deutschland gegenüber dem Auslande beispielsweise durch die transatlantische Personenbeförderung hat. Wir können nur feststellen, in welchen Fällen eine Forderung, in welchen Fällen eine Verbindlichkeit deutscherseits besteht. Wenn zum Beispiel ein polnischer Auswanderer durch eine deutsche Gesellschaft befördert wird, so liegt hier ohne Zweifel eine Forderung Deutschlands durch die Seeschiffahrt in Höhe von 102 Dollar 50 nach der im Augenblick[1] gültigen Rate vor. Das gleiche gilt, wenn eine Hamburger Reederei tschechische Güter verfrachtet. Vollkommen anders liegt jedoch der Fall, wenn eine in Hamburg vertretene englische Reederei den polnischen Emigranten über Hamburg befördern würde. In diesem Falle besteht eine Forderung Englands gegen Polen. Diese Forderung geht jedoch Hand in Hand mit einer Förderung nunmehr des deutschen Vertreters an die britische Gesellschaft in Höhe seiner Provisionen. Diese zweite Forderung ist für unsere Betrachtung von Wichtigkeit. Wenn nun die Gesamtheit dieser Forderungen innerhalb der deutschen Zahlungsbilanz figuriert, ist zahlenmäßig nicht zu errechnen, das heißt, die tatsächlich erfolgenden Zahlungen sind nicht zu fixieren. Die als Beispiele aufgeführten Fälle sind keineswegs die allein möglichen. Vielmehr verlangt es die Klarheit dieser Untersuchung, die Zahl der Beispiele noch zu erhöhen. Zunächst sollen jedoch die Fälle genannt werden, die nicht in den Rahmen dieser Untersuchung gehören: 1. auf dem Gebiete der Personenbeförderung die Beförderung von Inländern durch deutsche Gesellschaften; 2. die Verfrachtung von Gütern aus Deutschland durch deutsche Gesellschaften, wenn die Fracht vom Ablader getragen wird; 3. die an deutsche Gesellschaften für deutsche Post zu leistenden Zah=

---

[1] Juni 1923.

lungen; 4. die von deutschen Schiffen in deutschen Häfen zu erbringenden Leistungen für Quaianlagen, an Tonnengeld, Lotsgeld, Hafenmeister-, Schiffsvermessungs-, Durchschleusungs- usw. Gebühren. Die Zahl dieser nicht an dieser Stelle zu erörternden Fälle könnte noch erweitert werden. Wir können uns jedoch damit begnügen, beispielsmäßig zunächst negativ die Zuständigkeit dieser Erörterung begrenzt zu haben. Es wurden aus dem Gebiet der Personenbeförderung bereits zwei Fälle genannt, die für die Schiffahrtsbilanz Deutschlands von Bedeutung sind. Sie seien der Vollständigkeit halber im folgenden Schema, das die zu berücksichtigenden Fälle enthalten soll, nochmals erwähnt.

A. **Unmittelbar aus der Seeschiffahrt entstehende Forderungen und Verbindlichkeiten.**
 I. Personenbeförderung.
  1. Passagierbeförderung durch deutsche Reedereien, und zwar:
   a) nichtdeutscher Reisender von deutschen nach fremden Häfen,
   b) von fremden nach deutschen Häfen,
   c) zwischen fremden Häfen.
    Zu b) und c) eventuell Provision an ausländischen Vertreter;
  2. Beförderung nichtdeutscher Reisender durch nichtdeutsche Reedereien ab deutschen oder fremden Häfen, wodurch für die deutsche Vertretung der fremden Reederei eine Provisionsforderung entsteht und zwar auch bei den ab fremden Häfen Reisenden, wenn diese in Deutschland gebucht werden;
  3. Beförderung deutscher Reisender durch nichtdeutsche Reedereien, wodurch zunächst eine Verbindlichkeit Deutschlands gegenüber dem Auslande entsteht, wobei jedoch folgende Besonderheiten zu beachten sind:
   a) Beförderung deutscher Reisender ab deutschen Häfen durch die deutsche Vertretung einer nichtdeutschen Reederei oder auch von fremden Häfen, aber in beiden Fällen nach *Buchung innerhalb Deutschlands, wodurch auch eine Pro*visionsforderung des deutschen Vertreters an die fremde Reederei entsteht;
   b) Beförderung deutscher Reisender von fremden nach deutschen oder von fremden nach fremden Häfen durch nicht-

deutsche Reedereien, wodurch eine Verbindlichkeit Deutschlands entsteht;
4. Beförderung von „Prepaids" durch deutsche Reedereien, wobei eventuell Provisionsforderung ausländischen Vertreters;
5. Beförderung von „Prepaids" durch nichtdeutsche Reedereien, wobei eventuell Provisionsforderung des deutschen Vertreters.

II. Güterbeförderung.
1. Verladung durch deutsche Schiffe:
   a) bei Export aus Deutschland ab deutschem Hafen, wenn die Fracht vom ausländischen Käufer getragen wird, zum Beispiel beim Veredlungsverkehr;
   b) bei Import nach Deutschland, wenn die Fracht vom ausländischen Verkäufer getragen wird;
   c) beim Handel zwischen zwei fremden Ländern, zum Beispiel nach Durchfuhr durch Deutschland zu einem deutschen Hafen oder bei Transporten ab fremden nach fremden Häfen;
2. Verladung durch nichtdeutsche Schiffe:
   a) bei Export aus Deutschland, wenn die Fracht vom deutschen Verkäufer getragen wird, wodurch neben der Verbindlichkeit in Höhe der Fracht auch eine Provisionsforderung des Spediteurs oder (und) der Frachtvertretung gegen die fremden Schiffseigner entstehen kann, was auch wohl meistens der Fall ist;
   b) bei Export aus Deutschland, wenn die Fracht vom ausländischen Käufer getragen wird, wodurch meist eine Provisionsforderung des Spediteurs oder der Frachtvertretung gegen den fremden Schiffseigner entsteht;
   c) bei Import nach Deutschland, wenn die Fracht vom inländischen Käufer getragen wird;
   d) bei Verfrachtung von Durchfuhrgütern ab deutschen Häfen, wodurch meist eine Forderung der Frachtenvertretung gegen die fremden Schiffseigner entsteht.

III. Postbeförderung.
1. Wenn Post eines fremden Staates durch deutsche Schiffe befördert wird;

2. wenn ab deutschen Häfen Post durch fremde Schiffe befördert wird.

IV. Abgaben usw.
1. Die von deutschen Schiffen in fremden Häfen zu erbringenden Leistungen für Kaianlagen und an Tonnengeld, Lotsgeld, Hafenmeister-, Schiffsvermessungs-, Durchschleusungs- usw. Gebühren;
2. die von fremden Schiffen in deutschen Häfen zu erbringenden Leistungen usw. (wie unter 1.).

V. Reparaturen, Materialbeschaffungen usw.
1. Die von deutschen Schiffen in fremden Häfen vorzunehmenden Reparaturen sowie Zahlungen für Betriebsmaterial, wie Kohle usw., das vielfach außerhalb der Zollgrenze beschafft wird, daher in der Außenhandelsstatistik nicht erscheint;
2. die von fremden Schiffen in deutschen Häfen vorzunehmenden Reparaturen, sowie Zahlungen für Betriebsmaterial, wie Kohle usw. (wie unter 1.).

VI. Löhne.
1. Die von deutschen Schiffen an ausländische Mannschaften, Kaiarbeiter, in fremden Häfen usw. zu zahlenden Löhne, soweit diese nicht in Deutschland verbraucht werden;
2. die von fremden Schiffen an deutsche Mannschaften, Kaiarbeiter, von deutschen Häfen usw. zu zahlenden Löhne, soweit diese nicht im Ausland verbraucht werden.

VII. Bergelöhne und dergleichen.
1. Bergelöhne deutscher Schiffe für Bergung nichtdeutscher Schiffe und deren Ladung;
2. Bergelöhne nichtdeutscher Schiffe für Bergung deutscher Schiffe und deren Ladung.

B. **Mittelbar aus der Seeschiffahrt sich ergebende Forderungen und Verbindlichkeiten sowie im mittelbaren Zusammenhang mit ihr festzustellender Kapitalabfluß und Kapitalzufluß.**

I. Steuern, Geldstrafen usw.
1. Landungsabgaben (zum Beispiel amerikanische head tax) deutscher Passagiere in fremden Häfen;
2. Fremdensteuern, Ortszuschläge für Fremde aus Übersee;

3. deutschen Schiffen auferlegte Strafen wegen Übertretung der Landungsverordnungen und dergleichen in fremden Häfen;
4. fremden Schiffen auferlegte Strafen wegen Übertretung der Landungsverordnungen und dergleichen in deutschen Häfen.

II. Geldsendungen, Geldeinfuhr, Geldausfuhr.
1. Geldsendungen deutscher Auswanderer, vielfach durch die Schiffahrtsgesellschaften, nach Deutschland;
2. von Reisenden aus überseeischen Ländern nach Deutschland mitgebrachtes Geld, soweit dieses nicht wieder ausgeführt wird;
3. von aus Deutschland Ausreisenden, insbesondere Auswanderern, ausgeführtes Geld.

Aus diesem Schema könnte folgende Schiffahrtsbilanz angelegt werden:

Debet	Schiffahrtsbilanz.	Kredit
A. I, 1 b—c Passagierbeförderung durch deutsche Reedereien, falls ausländischer Vertreter provisionsberechtigt (Provision). I, 3 Beförderung deutscher Reisender durch nichtdeutsche Reedereien (Fahrpreis). I, 4 Provision ausländischen Vertreters für Verkauf von Prepaids deutscher Reedereien. II, 2 a, c Verladung durch nichtdeutsche Schiffe (Fracht). III, 2 Postbeförderung durch nichtdeutsche Schiffe (Vergütung aus Vertrag). IV, 1 Abgaben usw. deutscher Schiffe. V, 1 Reparaturen, Materialbeschaffung usw. deutscher Schiffe. VI, 1 Löhne deutscher Schiffe, soweit diese nicht in Deutschland verbraucht werden. VII, 2 Bergelöhne u. dgl. nichtdeutscher Schiffe.		A. I, 1 a—c Beförderung nichtdeutscher Reisender durch deutsche Reedereien (Fahrpreis) I, 2, 3 a Beförderung nichtdeutscher und deutscher Reisender durch nichtdeutsche Reedereien, falls Vertretung in Deutschland provisionsberechtigt (Provision). I, 5 Abfertigungsprovision des deutschen Vertreters einer nichtdeutschen Reederei für Beförderung ihrer Prepaids. II, 1 a—c Verladung durch deutsche Schiffe (Fracht). II, 2 a, b, d Verladung durch nichtdeutsche Schiffe (Provision). III, 1 Postbeförderung durch deutsche Schiffe (Vergütung aus Vertrag). IV, 2 Abgaben usw. nichtdeutscher Schiffe. V, 2 Reparaturen, Materialbeschaffung usw. nichtdeutscher Schiffe. VI, 2 Löhne nichtdeutscher Schiffe, soweit diese nicht im Ausland verbraucht werden. VII, 1 Bergelöhne deutscher Schiffe.

Debet	Schiffahrtsbilanz. (Fortsetzung.)	Kredit
B. I, 1 Landungsabgaben deutscher Passagiere usw. I, 3 Strafen deutscher Schiffe usw. II, 3 Deutsches Reisegeld.		**B.** I, 2 Fremdensteuern, Ortszuschläge usw. I, 4 Strafen fremder Schiffe usw. II, 1 Geldsendungen deutscher Auswanderer. II, 2 Nichtdeutsches Reisegeld.

Das Thema dieser Arbeit wäre gelöst, wenn es möglich wäre, in die im vorigen aufgestellte Schiffahrtsbilanz alle Forderungen und Verbindlichkeiten summenmäßig einzusetzen. Dies dürfte jedoch, wie schon mehrfach hervorgehoben, unmöglich sein, solange die Statistik des Verkehrs nicht bedeutend erweitert oder besser völlig verändert wird. In der Verkehrsstatistik der verschiedenen Länder finden wir freilich Zahlen der über die einzelnen Häfen während des vergangenen Jahres Aus- und Eingereisten. Vielfach wird bei Reisenden auch zwischen Auswanderern und nicht zur Kategorie der Emigranten gehörenden Reisenden unterschieden. Es sind auch Zahlen zu finden, aus denen hervorgeht, wieviel Passagiere die verschiedenen Schiffahrtsgesellschaften befördert haben. Aus dem gesamten statistischen Material ließe sich daher ableiten (freilich auch das nicht genau), welchen Anteil die verschiedenen Flaggen an der Personenbeförderung eines bestimmten Hafens genommen haben. Hinzuzunehmen wäre außerdem jenes statistische Material, aus dem im allgemeinen die Verteilung des Hafenverkehrs auf die verschiedenen Flaggen (nunmehr natürlich ohne Berücksichtigung des Personenverkehrs) zu ersehen ist. Ist nun das gesamte Material für die vorliegende Aufgabe ausreichend? Diese Frage muß leider verneint werden. Es kann daher nichts weiter geschehen, als aus dem vorhandenen Material die Zahlen zu entnehmen, die einer „Bezifferung der Schiffahrtsbilanz" — leider nur allzu ungenau und problematisch — dienen könnten.

I. Die Personenbeförderung.

Folgen wir auch im weiteren der aufgestellten Bilanz, so ergeben sich auf dem Gebiete der Personenbeförderung unter „Kredit" zwei Positionen:

Beförderung nichtdeutscher Reisender durch deutsche Reedereien (I, 1 a—c) und

Beförderung nichtdeutscher und deutscher Reisender durch nichtdeutsche Reedereien, falls Vertreter in Deutschland provisionsberechtigt (I, 2 und 3 a).

Wenden wir uns zunächst der ersten Position zu, um nach Möglichkeit aus den einschlägigen Kapiteln der Statistik ein Bild von der Höhe der Forderung zu gewinnen, die Deutschland seit Kriegsende durch die Beförderung nichtdeutscher Reisender zu verzeichnen hat.

I, 1a: Beförderung nichtdeutscher Reisender von deutschen Häfen. Wie lagen die Verhältnisse auf diesem Gebiete vor dem Kriege? In den deutschen Häfen dominierte die deutsche Flagge in keinem Zweige der Seeschiffahrt so sehr wie auf dem Gebiete der Personenbeförderung, sowie der Beförderung deutscher wie nichtdeutscher Passagiere. Ein direkter Personenverkehr von deutschen Häfen wurde von nichtdeutschen Linien nicht versehen. Werfen wir einen Blick auf das wichtigste Gebiet der überseeischen Personenbeförderung, nämlich der zwischen Europa und Nordamerika! Noch in den achtziger Jahren des vorigen Jahrhunderts beförderten die Hamburger Expedienten der britischen Linien einen beträchtlichen Anteil an der nichtdeutschen Auswanderung über Hamburg auf indirektem Wege nach Nordamerika, das heißt per Zwischendampfer nach England und von dort mit dem Überseedampfer nach den Vereinigten Staaten oder Kanada. Mit dem Beginn der deutschen Durchwandererkontrolle trat eine Änderung zugunsten der deutschen Gesellschaften ein. Noch im Jahre 1886 wurden von Hamburg 45,5% der über diesen Hafen reisenden Auswanderer auf dem sogenannten indirekten Wege befördert. Im Jahre 1888 konnten für die indirekte Beförderung ab Hamburg 34,3% errechnet werden. Für die nächsten Jahre waren Zahlen nicht zu ermitteln. Im Jahre 1893 finden wir einen Anteil der indirekten Beförderung in Hamburg von 3,5%, der sich im nächsten Jahre freilich wieder auf 10,3% erhöhte, um in den folgenden Jahren bis zum Jahre 1902 fortgesetzt zu fallen. In den Jahren vor dem Kriege wurde die indirekte Beförderung ab Hamburg wieder ein wenig lebhafter, insbesondere nach dem Jahre 1908, als die Konzession der deutschen Gesellschaften auch auf die indirekte Beförderung ab deutschen Häfen ausgedehnt wurde, eine Maßnahme, deren Grund in dem im Jahre 1908 geschlossenen Frieden zwischen den am transatlantischen Passagierverkehr beteiligten Reedereien zu suchen ist.

Der Nordatlantische Passagierverkehr und im Rahmen dieser Verkehrslinie der Verkehr ab Hamburg wurde im vorigen deshalb als typisches Beispiel genannt, weil hinreichend verläßliche Zahlen allein über ihn existieren und weil ihm gegenüber der gesamte übrige Personenverkehr mit Ausnahme des von Bremen zahlenmäßig verschwindet. Freilich muß dabei hervorgehoben werden, daß auch der Verkehr ab Bremen einen bedeutenden Umfang hatte, in ihm spielte jedoch die Frage der indirekten Beförderung nicht die gleiche Rolle wie in der Personenbeförderung ab Hamburg, so daß eine zahlenmäßige Verdeutlichung besser mit Hilfe der Hamburger Statistik vorzunehmen ist. Am Bremer Platze entfalteten die Expedienten nichtdeutscher Reedereien bei weitem nicht die rege Tätigkeit, wie sie am Hamburger Platze festzustellen war.

Im Jahre 1913 wurden in nordamerikanischen Häfen 1 858 605 Passagiere gelandet. Davon landeten in den Häfen der Vereinigten Staaten im Jahre 1913, nach Klassen geordnet, folgende Passagierzahlen:

Und zwar kommen von britischen und kontinentalen Häfen nördlich Bordeau in Frage:

Zwischendeck und III. Klasse . . 751 800 Personen

(das sind 53,48 % aller in nordamerikanischen Häfen gelandeten Passagiere dieser Klasse),

II. Klasse . . . . 210 267 Personen

(das sind 61,50 % aller in nordamerikanischen Häfen gelandeten Passagiere dieser Klasse),

I. Klasse . . . . 85 316 Personen

(das sind 76,81 % aller in nordamerikanischen Häfen gelandeten Passagiere dieser Klasse).

Für Kanada ergeben sich hierfür folgende Zahlen:

Zwischendeck und III. Klasse . . 253 263 Personen

(das sind 17,85 % aller in nordamerikanischen Häfen gelandeten Passagiere dieser Klasse),

II. Klasse . . . . 80 435 Personen

(das sind 23,26 % aller in nordamerikanischen Häfen gelandeten Passagiere dieser Klasse),

I. Klasse . . . . 12 745 Personen

(das sind 11,47 % aller in nordamerikanischen Häfen gelandeten Passagiere dieser Klasse).

Die deutschen Gesellschaften landeten im Jahre 1913 im Gesamt=
verkehr aller Klassen 504 957 Passagiere, das sind 27,05 % und zwar
einschließlich der Beförderung ab Mittelmeerhäfen, an welcher die
Hamburg=Amerika=Linie im Jahre 1913 mit 1,19 %, der Norddeutsche
Lloyd mit 2,27 % partizipierte. Diese 1,19 % und 2,27 % dürften die
ersten Zahlen sein, die im Rahmen dieser Untersuchung unverändert
zu berücksichtigen sind; denn man wird mit Sicherheit sagen dürfen,
daß auf der Kreditseite der deutschen Schiffahrtsbilanz diese prozen=
tuale Beteiligung der deutschen Gesellschaften am Passagierverkehr der
Mittelmeerhäfen nach Nordamerika eingesetzt werden kann und zwar
abzüglich der an die betreffenden Agenturen ausgekehrten Provisionen.
Die tatsächlich zur Auszahlung gelangten Summen zu bestimmen, wäre
zwar in diesem einzelnen Falle nicht unmöglich, das heißt natürlich
nur ohne Berücksichtigung der Provisionszahlungen. Es scheint jedoch
besser, diese Summen nicht zu errechnen, da sie vielleicht innerhalb
dieser Untersuchung die einzigen Geldbeträge wären, die tatsächlich ein=
gesetzt würden. Der Beförderung ab Mittelmeerhäfen im Rahmen dieser
Arbeit eine Sonderstellung zu geben, scheint mir jedoch insbesondere
deshalb nicht zweckentsprechend, weil im ganzen der Personenbeförde=
rung diese Verkehrslinie eine zu unwichtige Stellung einnimmt.

27,05 % war die Quote, die die deutschen Linien im Jahre 1913
am Gesamtpersonenverkehr von Europa nach den Vereinigten Staaten
und Kanada hatten. Uns interessiert jetzt, welchen Anteil wohl die
Beförderung nichtdeutscher Passagiere ab deutschen Häfen an diesen
27,05 % ihrerseits genommen hat. (Vgl. hinsichtlich der statistischen An=
gaben für das Bisherige sowohl wie für das Folgende die statistischen
Tabellen, Anhang B, bei E. Murken: Linien=Reederei=Verbände, Jena,
Verlag von Gustav Fischer, 1922.)

Greifen wir als Beispiel wiederum den Verkehr ab Hamburg
heraus. Im Jahre 1913 wurden ab Hamburg 192 733 Auswanderer
befördert. Vermindern wir diese Zahl um die der beförderten deutschen
Auswanderer — 8730 —, so ergibt sich eine Beförderung nichtdeutscher
Auswanderer ab Hamburg von 184 003 Auswanderern. Zu dieser Zahl
hinzuzurechnen ist die der nichtdeutschen Reisenden anderer Klassen
— 33 701 —, so daß sich eine Gesamtzahl von nichtdeutschen Passagieren
aller Klassen, die ab Hamburg reisten, von 217 704 ergibt. Es fehlen
die statistischen Angaben, wie groß der Anteil der Beförderung nach
Nordamerika, mit der wir es ja im vorstehenden zunächst zu tun haben,

an dieser Beförderung nichtdeutscher Reisender ab Hamburg im Jahre 1913 gewesen ist. Wenn wir jedoch schätzungsweise unterstellen, daß im Jahre 1913 die indirekte Beförderung ab Hamburg zirka 5% der Gesamtbeförderung ab Hamburg ausgemacht hat, so ergibt sich für unsere Bilanz ein Anteil der deutschen Reedereien an der Beförderung nichtdeutscher Reisender ab Hamburg im Jahre 1913 von zirka 207 000 Personen. Wenn schon die Statistik des Personenverkehrs ab Hamburg im Jahre 1913 nicht ausreichende Unterlagen für eine Beurteilung dieses Verkehrs im Sinne unserer Aufgabe liefert, so gilt dies in stärkerem Maße für die Bremer Statistik. Man wird auch für Bremen nur schätzungsweise sagen können, daß sich auch hier das im vorigen gewonnene Bild verstärkt und zwar in dem Sinne, daß die deutschen Reedereien auf dem Gebiete der Beförderung nichtdeutscher Reisender ab deutschen Häfen vor dem Kriege bei weitem in Führung lagen. Es reisten ab Bremen im Jahre 1913 229 854 nichtdeutsche Auswanderer, die fast vollständig von deutschen Gesellschaften befördert wurden.

Es ergibt sich nunmehr die Frage, welche Verschiebungen auf diesem Gebiete seit Kriegsende eingetreten sind. In dem im Jahre 1920 herausgegebenen Buche „Die deutschen Schiffahrtsgesellschaften", bearbeitet von Kapitän a. D. L. Fenchel, finden wir auf Seite 42 eine Übersicht über die fremden Gesellschaften, die bis zum Jahre 1919 einschließlich an Stelle der deutschen Linien den Verkehr ab deutschen Häfen aufgenommen haben. Aus dieser Aufstellung ist ersichtlich, daß auf den Hauptverkehrslinien der Personenbeförderung ab Hamburg an die Stelle der deutschen Flagge die fremdländische getreten war. Im Jahre 1919 wurden in Neuyork beispielsweise 168 025 Passagiere gelandet, ohne daß die deutschen Gesellschaften irgendwelchen Anteil an dieser Beförderung genommen hätten. Für das Jahr 1919 gibt die Hamburger Statistik auch keine Angaben über irgendwelchen Reiseverkehr.

Im Jahre 1920 setzte bereits ein kleiner Reiseverkehr, ausgehend von den deutschen Häfen, ein. Es zeigt die Hamburger Statistik, daß im Jahre 1920 778 Auswanderer ab Hamburg befördert wurden, wovon freilich 769 Deutsche waren, also im ganzen nur 9 nichtdeutsche Auswanderer. Hinzu kommen außerdem für Hamburg im Jahre 1920 noch 547 nichtdeutsche Reisende anderer Klassen. Man wird demnach, da die Verhältnisse in den anderen deutschen Häfen, also in erster Linie in Bremen, nicht viel anders lagen, sagen können, daß in den Jahren

1919 und 1920 von einer Beförderung nichtdeutscher Reisender ab deutschen Häfen kaum die Rede sein kann.

Ganz anders lagen jedoch die Verhältnisse bereits im Jahre 1921. Es ist wiederum die Hamburger Statistik, die hierüber verläßliche Auskunft gibt und aus der zu ersehen ist, daß im Jahre 1921 im ganzen 15 760 nichtdeutsche Reisende ab Hamburg befördert wurden; hiervon waren 13 356 nichtdeutsche Emigranten. Eine Betrachtung über den Einfluß der Beförderung nichtdeutscher Reisender durch deutsche Reedereien auf die deutsche Zahlungsbilanz nach dem Kriege wird also zweckentsprechend mit dem Jahre 1921 beginnen müssen.

Auf dem Gebiete der Personenbeförderung ist — das muß von vornherein vorausgeschickt werden — eine grundlegende Veränderung gegenüber den Vorkriegszeiten eingetreten. Vor dem Kriege ging das Hauptpassagegeschäft der deutschen Schiffahrtsgesellschaften nach Nordamerika, insbesondere nach den Vereinigten Staaten, und innerhalb dieses Geschäftes dominierte die Beförderung von Passagieren der dritten Klasse bzw. des Zwischendecks. Die Veränderung, die nach dem Kriege hierin eingetreten ist, beruht auf verschiedenen Gründen, die jedoch nicht zusammenhanglos nebeneinander wirken. Das amerikanische Einwanderungsgesetz, die sogenannte Johnson Bill, die mit dem 1. Juli 1921 in Kraft trat und heute noch in Geltung ist, bestimmt, daß von einer bestimmten Nationalität nur 3% der Kopfzahl ihrer bereits in den Vereinigten Staaten lebenden Volksgenossen während des Fiskaljahres einwandern darf. Wenn man daher bedenkt, welche Massen alljährlich vor dem Kriege nach den Vereinigten Staaten eingewandert sind, welchen Anteil an der Personenbeförderung der Welt diese Emigration genommen hat, und was die Beförderung von Auswanderern nach Nordamerika, insbesondere für die deutschen Gesellschaften, vor dem Kriege bedeutet hat, so ergibt sich ohne weiteres die große Veränderung, die das Passagegeschäft gegenüber den Vorkriegszeiten erfahren hat. Hinzu kommt noch, daß durch die Valutaverhältnisse in Mittel- und Osteuropa es im allgemeinen für den eigentlichen Auswanderer unmöglich geworden ist, den Passagepreis zu zahlen. Das eigentliche Auswanderungsgeschäft ist nach dem Kriege fast ausschließlich ein Prepaidgeschäft geworden, über das an späterer Stelle einiges ausgeführt werden soll.

Während in der Vorkriegszeit die Zahl der in Nordamerika gelandeten Passagiere der dritten Klasse die der Kajütspassagiere bei weitem übertraf, so zeigt beispielsweise die Statistik des nordatlantischen Passagierverkehrs vom Jahre 1922, daß gegenüber 222 194 Passagiere der dritten Klasse 240 073 der anderen beiden Klassen gelandet wurden. Für die Beförderung von Passagieren ab deutschen Häfen ist nun ferner noch die Veränderung eingetreten, daß durch den Verlust des größten Teiles ihrer Tonnage die deutsche Schiffahrt gegenüber der fremden Schiffahrt erheblich im Rückstand ist, soweit der Verkehr nach Nordamerika in Frage kommt. Demgegenüber zeigt sich, daß in den Nachkriegsjahren der Personenverkehr nach Südamerika relativ eine erhebliche Verstärkung erfahren hat. Geben wir im folgenden eine kurze Übersicht über die Reedereien, die im allgemeinen an der Personenbeförderung ab Hamburg und Bremen nach Übersee beteiligt sind:

1. **Nach Nordamerika direkt ab Hamburg:** Hamburg-Amerika-Linie — United American Lines — American Line — Cunard Line — Royal Mail Line — Canadian Pacific.

2. **Nach Nordamerika indirekt ab Hamburg:** Cunard Line — White Star Line.

3. **Nach Nordamerika direkt ab Bremen:** Norddeutscher Lloyd — United States Lines — White Star Line.

4. **Nach Nordamerika indirekt ab Bremen:** nicht wieder aufgenommen.

5. **Nach Südamerika ab Hamburg:** Hamburg-Südamerikanische Dampfschiffahrts-Gesellschaft — Hamburg-Amerika-Linie — Stinnes-Reederei — Royal Mail Line — Lloyd Brasileiro.

6. **Nach Südamerika ab Bremen:** Norddeutscher Lloyd.

7. **Nach Mittelamerika und Westindien:** Hamburg-Amerika-Linie — Ozean-Linie.

8. **Nach Ostasien:** Hamburg-Amerika-Linie in Verbindung mit Norddeutscher Lloyd, The Ellermann & Bucknall Steamship Co. Ltd. und Alfred Holt & Co. — Hugo-Stinnes-Linie.

9. **Nach Afrika:** Woermann-Linie in Verbindung mit Deutsche Ostafrika-Linie — Hamburg-Amerika-Linie und Hamburg-Bremen-Afrika-Linie.

Zu diesen überseeischen Passageverbindungen kommen noch einige Schiffahrtlinien, die in geringem Umfange Passagiere befördern, so zum Beispiel transatlantisch von dem ehemaligen deutschen Hafen Danzig, von dem aus 1922 die Red Star Line 1044 Passagiere der dritten Klasse beförderte, und zwischen europäischen Seehäfen wie Hamburg—

Grimsby durch die Great Central Railway Co. und Hamburg bzw. Bremen—Southampton durch die transatlantischen Linien Hamburg bzw. Bremen via England nach Nordamerika.

Die bedeutendsten Verkehrslinien der Personenbeförderung sind nun nach wie vor die nach Nord- und Südamerika.

1. Nach Nordamerika.

Der Verkehr ab Hamburg zeigt sich dem ab Bremen weit überlegen. Die im vorigen gegebene Übersicht weist schon auf die stärkere Frequenz des Hamburger Hafens gegenüber Bremen hin. Sechs Reedereien befördern Passagiere nach Nordamerika direkt ab Hamburg, gegen drei ab Bremen. 1922 wurden in Neuyork gelandet:

ab Hamburg . . . 60 286 Passagiere aller Klassen,
davon 10 863 durch die Hamburg-Amerika-Linie,

ab Bremen . . . 43 337 Passagiere aller Klassen,
davon 10 736 durch den Norddeutschen Lloyd.

Dies bedeutet, daß auf der wichtigsten Verkehrslinie die beiden großen deutschen Linien 1922 zirka 17% der Passagiere ab Hamburg, zirka 24% der Passagiere ab Bremen beförderten. Für diese Betrachtung erheblich ist die Frage, wie groß zunächst der Anteil der Linien an der Beförderung nichtdeutscher Passagiere ab Hamburg und Bremen nach Nordamerika war. Man wird sagen dürfen, daß die deutschen Linien in höherem Maße deutsche Reisende beförderten, die 1921 und 1922 mehr als 50% aller Passagiere ab Hamburg ausmachten. In Osteuropa war wohl die Position der nichtdeutschen Linien bisher stärker, da ihnen bei Konzessionierung weniger Schwierigkeiten begegneten. Auch übt Cherbourg zurzeit durch die Schnellinien, auf denen die Riesendampfer der britischen Gesellschaften verkehren, eine große Anziehungskraft sowohl auf die Passagiere aus Deutschlands östlichen Nachbarländern als auch auf die überseeischen Gäste aus. Daher dürfte der Anteil der deutschen Linien an der Beförderung nichtdeutscher Passapassagiere ab Europa zurzeit noch hinter der Beteiligung zurückbleiben, die sie sich an dem Personenverkehr ab Hamburg und Bremen nach Nordamerika schlechthin wieder erarbeitet haben. Immerhin dürfte angesichts der regen Schiffsbautätigkeit Deutschlands und der Indienststellung einer größeren Anzahl neuer Passagierdampfer sich schon jetzt eine bedeutsame Forderung aus der Beförderung nichtdeutscher Reisender ab deutschen Häfen ergeben.

2. Nach Südamerika.

Südamerika gewinnt eine fortgesetzt gesteigerte Bedeutung für den Reiseverkehr ab deutschen Häfen, insbesondere die mittel- und osteuropäische Emigration. Bieten doch die südamerikanischen Staaten für den Einwanderer größere Möglichkeiten in rechtlicher und wirtschaftlicher Hinsicht. Der beispiellose Aufschwung, den die vor dem Kriege ohne eigene Agentenorganisation arbeitende Hamburg-Südamerikanische-Dampfschiffahrts-Gesellschaft in den letzten Jahren genommen, ist das für Deutschland Schiffahrtsbilanz gewinnreiche Ergebnis dieser Tatsache. Etwa 20% aller Auswanderer, die sich im Jahre 1922 in Hamburg einschifften, waren für Südamerika bestimmt. Wie viele unter diesen Auswanderern Nichtdeutsche waren, was hier zunächst interessiert, ist wiederum nicht zu ermitteln. Ebensowenig für Bremen und Emden. Man darf annehmen, daß angesichts der zahlenmäßigen Überlegenheit der deutschen Reedereien über die nichtdeutschen im Personenverkehr nach Südamerika ab deutschen Häfen der Anteil jener an der Beförderung fremder Passagiere ab Deutschland relativ höher anzusetzen ist als im nordatlantischen Verkehr. Freilich ist auch hier auf die Beschränkungen hinzuweisen, denen die deutschen Gesellschaften bei der Konzessionierung und der Organisation von Agenturen in Osteuropa in gewissem Umfang noch heute begegnen.

3. Nach Asien, Afrika, anderen überseeischen und europäischen Häfen.

Diese Gebiete des Personenverkehrs ab deutschen Häfen stehen an Bedeutung hinter den unter 1. und 2. genannten weit zurück. Wir können uns auf die Feststellung beschränken, daß die deutschen Reedereien, insbesondere auch im Ostsee-Passagegeschäft, in den deutschen Häfen nur geringe nichtdeutsche Konkurrenz finden.

I, 1b: Beförderung nichtdeutscher Reisender durch deutsche Reedereien von fremden nach deutschen Häfen.

Statistisches Material fehlt völlig, selbst für den nordatlantischen Verkehr, der auch hier die bedeutendste Rolle spielt.

Nach dem Kriege setzte alsbald ein großer Verkehr ostwärts ein, freilich nicht in dem Umfange, wie vielfach erwartet wurde, da das amerikanische Einwanderungsgesetz viele, die gern ihre europäischen Verwandten besucht hätten, von der Reise abschreckte, da sie, falls in den Vereinigten Staaten noch nicht naturalisiert, befürchteten, bei der Rückkehr nach Amerika Schwierigkeiten zu begegnen. Die Amerikaner bebevorzugen ferner für die Her- und Rückfahrt die nach und von England und Frankreich, das heißt in erster Linie Southampton und Cherbourg, verkehrenden großen Schnelldampfer, für deren Passagieranwerbung ein gewaltiger Apparat eigener Geschäftsstellen und Agenten in Amerika arbeitet. Immerhin dürfte der Anteil der deutschen Linien an der Beförderung von Amerikanern nach Deutschland, insbesondere von Deutsch-Amerikanern, bereits wieder sehr bedeutend sein.

Nächst Nordamerika kommt auch hier Südamerika in Betracht. In dem Personenverkehr von Südamerika nach deutschen Häfen ist wie in der entgegengesetzten Richtung der Anteil der deutschen Reedereien ein relativ größerer als der im nordatlantischen Verkehr. Das im vorigen für das Passagegeschäft ab Deutschland und Südamerika Gesagte darf entsprechend an dieser Stelle angewandt werden. Der Anteil der deutschen Gesellschaften im Verkehr nach Hamburg und Bremen von den Häfen der südamerikanischen Staaten ist heute bereits wieder bedeutend größer als der der ausländischen Konkurrenz.

Hinsichtlich des Personenverkehrs von den übrigen überseeischen und europäischen Häfen kann ebenfalls auf die Ausführungen hingewiesen werden, die im vorigen bei Betrachtung des in entgegengesetzter Richtung sich bewegenden Verkehrs gemacht wurden.

I, 1c: Während die deutsche Schiffahrt, wie im vorigen angedeutet wurde, bereits wieder einen beachtenswerten Anteil an der Beförderung nichtdeutscher Passagiere von und nach deutschen Häfen zu verzeichnen hat, konnte sie dieses Ergebnis in Anbetracht der politischen und wirtschaftlichen Verhältnisse im Passagegeschäft zwischen fremden Häfen noch nicht herbeiführen. Die deutschen Großreedereien waren vor dem Kriege beispielsweise in der Personenbeförderung von und nach englischen Häfen eine gefürchtete Konkurrenz. Der Wiederaufbau der deutschen Handelsflotte, so bedeutende Ergebnisse er schon zu verzeichnen hat, mußte sich zunächst in erster Linie auf die Verbindungen zwischen Deutschland selbst und dem Auslande beschränken. Große Erfolge im Passagegeschäft zwischen fremden Häfen errang die deutsche Personenschiffahrt bereits wieder zwischen Spanien und Südamerika. In der vor kurzem geschlossenen Konferenz, die die Anteile der Reedereien an der Personenbeförderung von Südamerika nach Spanien regelt, erhielt allein die Hamburg-Südamerikanische-Dampfschiffahrts-Gesellschaft eine Quote von über 40%. Während im allgemeinen die deutschen Reedereien ihre vor dem Kriege in großem Umfange bewerkstelligten Welt- und Vergnügungsreisen noch nicht wieder aufnehmen konnten, hatte die genannte Gesellschaft einen riesigen Erfolg mit den drei Feuerland-Reisen, die der Dampfer „Cap Polonio" während des vergangenen Winters unternommen hat.

Hiermit können wir die erste Position auf der Kreditseite der deutschen Schiffahrtsbilanz abschließen. War es auch nicht möglich, die sich ergebenden Forderungen zahlenmäßig hinlänglich zu veranschaulichen, so konnte doch immerhin auf die große Bedeutung hingewiesen werden, die die Beförderung nichtdeutscher Passagiere durch deutsche Reedereien nach dem Kriege wieder gewonnen hat. Für die Lösung dieser Aufgabe, die Besprechung der weiteren Positionen der im vorigen aufgestellten Schiffahrtsbilanz, wird das bis hierher Ausgeführte auch weiterhin dienen können.

I, 2 und 3a: Beförderung nichtdeutscher und deutscher Reisender durch nichtdeutsche Reedereien, falls Vertretung in Deutschland provisionsberechtigt.

Über diese Position der Schiffahrtsbilanz ist nach dem unter I, 1 a—b Ausgeführten in Kürze zu berichten. Eine Anzahl fremder Reedereien hat nach dem Kriege den Passagierverkehr ab deutschen Häfen aufgenommen. Es wurde bereits erwähnt, daß diese Gesellschaften zurzeit noch den deutschen Linien in der Beförderung nach Nordamerika auch ab Hamburg und Bremen überlegen sind. Die deutschen Linien selbst, das heißt Hapag und Lloyd, haben diesen Verlust durch ihr Abkommen mit den United American Lines bzw. den United States Lines abgeschwächt in der Weise, daß sie an den genannten Linien als Generalvertreter verdienen. Die übrigen fremden Gesellschaften sowohl als auch die beiden genannten amerikanischen Konzerne haben zurzeit noch, wie schon an früherer Stelle erwähnt, einen Vorsprung vor den deutschen im osteuropäischen Auswanderergeschäft sowohl als auch im amerikanischen Touristengeschäft. Alle diese Linien arbeiten natürlich durch Agenturen oder wenigstens Bureaus mit ganz oder zum größten Teil deutschem Personal und handelsgerichtlicher Eintragung sowie Steuerpflicht in Deutschland. Diese Agenten und Bureaus stehen ohne Ausnahme im Provisionsverhältnis zu den ausländischen von ihnen vertretenen Linien. Die Provision beträgt bei Kassapassagieren meist 5% oder 7,5%, je nachdem, ob es sich um eine Agentur oder Generalagentur handelt. Auch für die Beförderung deutscher Passagiere durch nichtdeutsche Reedereien gelten die im vorigen genannten Provisionsansprüche. Das eigentliche deutsche Geschäft wird jedoch zum größeren Teil von den deutschen Linien selbst getätigt. Wo sich hier ein Mangel an Tonnage zeigte und auch noch zeigt, greift auch das Abkommen mit den schon erwähnten amerikanischen Unternehmungen helfend ein und sichert die Provision. Freilich ist die Konkurrenz der fremden Schiffahrt im eigentlichen deutschen Auswanderergeschäft dadurch beträchtlich größer geworden, verglichen mit der Vorkriegszeit, daß American Line, Cunard Line, Royal Mail Line und White Star Line direkte Linien von Hamburg bzw. Bremen errichtet und auch eine weitergehende Konzession als vor dem Kriege erhalten haben. (Die Royal Mail Line war vor dem Kriege in Deutschland gar nicht konzessioniert.) Es ist abzuwarten, ob und in welchem Umfange es der ausländischen Konkurrenz möglich sein wird, auf die Dauer eine Stellung in der Beförderung nichtdeutscher und deutscher Reisender und besonders deutscher Auswanderer zu behaupten. Die auf der Kreditseite der deutschen Schiffahrtsbilanz sich ergebende Provisionsforderung war bislang jedenfalls von größter Bedeutung, nicht zuletzt deshalb, weil ohne sie eine so schnelle Wiederaufnahme des nordamerikanischen Dienstes durch die deutschen Reedereien nicht möglich gewesen wäre. Auch das deutsche Reisebureaugewerbe verdankt diesem Umstande in großem Maße seine Existenz.

Bei den übrigen Verkehrsgebieten, also in erster Linie bei der Beförderung nichtdeutscher und deutscher Reisender nach Südamerika durch nichtdeutsche Reedereien, kann ebenfalls auf die an früherer Stelle gemachten Darlegungen verwiesen werden. Die fremde Konkurrenz ist weniger mächtig als im Nordamerikatrade, ihre Provisionszahlungen an inländische Vertretungen daher absolut und relativ geringer.

I, 4: Beförderung von „Prepaids" durch deutsche Reedereien.

Diese Position ist von besonderer Bedeutung für die nachkriegszeitliche Schiffahrtsbilanz, ist jedoch an dieser Stelle nur insoweit zu erwähnen, als es sich tatsächlich um „Prepaids" handelt, das heißt als tatsächlich in Übersee eine Fahrkarte gelöst und nicht das Fahrgeld dem europäischen Emigranten eingesandt wird. Dieser zweite Fall ist an späterer Stelle, nämlich unter B, II, 1 zu berühren. Es wurde bereits auf den Charakter des nachkriegszeitlichen Auswanderergeschäftes als den eines „Prepaid"-Geschäftes hingewiesen. Dies bezieht sich natürlich in erster Linie auf Nordamerika. Südamerika kommt im Augenblick weniger oder besser fast gar nicht in Betracht, und zwar:

1. mangels einer großen „Prepaid"-Organisation,
2. infolge der relativ niedrigen Raten.

Der Verkauf von „Prepaids" im allgemeinen ist in Nordamerika ein gewaltiger und wird ständig in dem Maße zunehmen, in dem die dortigen Lebensbedingungen sich bessern und mithin die Einwanderungsbeschränkungen zurücktreten. Trotz der durch den Krieg zerschlagenen Organisation ist der Anteil der deutschen Linien an dem Verkauf von „Prepaids" an Deutsch-Amerikaner bedeutend. Hier spielen nationale Bindungen eine große Rolle. Den deutschen Gesellschaften bot auch auf diesem Geschäftsgebiet ihr Abkommen mit den amerikanischen Schiffahrtsunternehmungen einen Ausweg aus der durch den Krieg geschaffenen schwierigen Lage. Die nicht ehemals deutschen Kunden des „Prepaid"-Geschäftes in Nordamerika bevorzugen freilich die großen Schnelldampfer, die von Cherbourg und Southampton verkehren, so daß die deutschen Gesellschaften einen schweren Stand haben. Zahlen können auch hier leider nicht sprechen, da die Statistik zwischen Kassapassagier und „Prepaid" nicht unterscheidet. Man wird jedoch sagen dürfen, daß die Beförderung von „Prepaids" durch deutsche Reedereien für die Kreditseite der deutschen Schiffahrtsbilanz von ständig wachsender Bedeutung ist.

I, 5: Abfertigungsprovision des deutschen Vertreters einer nichtdeutschen Reederei für Beförderung ihrer „Prepaids".

Auch diese Provision nimmt ständig an Bedeutung zu, ohne daß dies durch Zahlen belegt werden könnte. Je größer das „Prepaid"-Geschäft der nichtdeutschen Reedereien wird, und je stärker der Verkehr fremder Linien ab deutschen Häfen, desto größeren Umfang nehmen die Abfertigungsprovisionen an, die bis zu 10 Schilling für die Fahrkarte (ungeachtet der Personenzahl) berechnet werden. Im Zusammenhang damit ist auch auf die Ansprüche hinzuweisen, die den deutschen Vertretern aus dem Durchwandererverkehr erwachsen, so zum Beispiel auf die Gebühren, die die Hapag in ihren Auswandererhallen auf der Veddel in Hamburg für Unterbringung usw. erhebt.

Hiermit kann die Betrachtung der Positionen auf der Kreditseite unserer Bilanz, die durch die Personenbeförderung entstehen, beendet werden, um sich nunmehr der Debetseite zuzuwenden.

I, 1, b—c: Provisionsanspruch ausländischer Vertreter gegenüber deutschen Reedereien.

Nach der ausführlichen Darstellung, der die gegenüberliegende Seite unserer Bilanz im vorigen unterzogen wurde, werden wir uns im folgenden mit kurzen Hinweisen begnügen können. Provisionsberechtigte Agenten unterhalten die deutschen Reedereien in all den überseeischen und europäischen Ländern, nach denen sie Verbindungen wieder errichtet haben. In unserer Bilanz unterschieden wir zwei Fälle, in denen die Provision zu zahlen ist, nämlich 1 b bei der Passagierbeförderung von fremden nach deutschen und 1 c bei der Beförderung von fremden nach fremden Häfen. Während der erste Fall für alle Verkehrslinien zu berücksichtigen ist, werden wir uns bei der Betrachtung des zweiten auf jene Routen beschränken können, auf denen die deutsche Schiffahrt Zwischenhäfen anläuft und dort Passagiere aufnimmt. Zu Fall 1 b ist zu sagen, daß die deutschen Gesellschaften selbstverständlich mit einem großen Apparat provisionsberechtigter Agenten wie die Konkurrenz arbeiten müssen. Ja, es dürfte sogar bei den deutschen Linien ein relativ stärkerer Provisionsverlust zu verzeichnen sein, da sie mangels einer eigenen Organisation und mangels auf eigene Rechnung arbeitender Bureaus in größerem Umfange als die Konkurrenz valutastarker Länder auf Vertretungen angewiesen sind. Die hierdurch entstehenden Verluste sind jedoch naturgemäß leicht zu verschmerzen, da ihre Höhe ein Gradmesser für die Frequenz der deutschen Schiffe ist. Über die Lage der deutschen Schiffahrt auf den Verkehrslinien von überseeischen Häfen nach Deutschland ist bereits an früherer Stelle berichtet worden. Auch Position 1 c kann in Kürze besprochen werden. Im nordamerikanischen Verkehr zunächst ist, wie bereits erwähnt, zurzeit noch kein großer Anteil der deutschen Linien an der Passagierbeförderung zwischen den englischen und französischen Häfen einerseits und Nordamerika andererseits zu verzeichnen. Mithin ist auch der Provisionsverlust in diesem Verkehrsgebiet noch kein großer. Anders liegt dies, wie auch schon aus der früheren Darstellung ersichtlich, auf den Seeverkehrsstraßen nach Südamerika, Mittelamerika sowie in geringerem Umfange nach den übrigen überseeischen und europäischen Häfen. Die hervorragende Rolle, die die deutsche Passagierschiffahrt im Verkehr zwischen Spanien und Südamerika spielt, wurde schon berücksichtigt. Auch in den französischen Häfen erfreuen sich die deutschen Südamerikadampfer trotz der Ungunst der politischen Verhältnisse wieder größter Beliebtheit. Auch hier wie auf den übrigen Verkehrslinien ist ein wachsender Verlust durch Provisionen, das heißt eine stärkere Belastung der Debetseite unserer Bilanz, die für Deutschland unvermeidbare Begleiterscheinung einer wieder erstarkenden Passagierschiffahrt. Vorwegnehmend sei ferner auf Position I, 4 der Debetseite unserer Bilanz hingewiesen, deren nähere Behandlung sich in Anbetracht des im vergangenen Gesagten erübrigt.

I, 3: Beförderung deutscher Reisender durch nichtdeutsche Reedereien.

Unter I, 2 und 3 a sowie auch an anderen Stellen wurde diese Frage bereits von dem entgegengesetzten Standpunkt aus behandelt. Für die verschiedenen Verkehrslinien spielt das von Deutschland ausgehende Geschäft eine größere Rolle als das eingehende, soweit die hier vorliegende Frage zur Erörterung steht. Der relativ große Anteil, den die deutschen Gesellschaften an dem ab Hamburg und Bremen ausgehenden Passagierverkehr trotz der im Vergleich zur Vorkriegszeit gesteigerten Konkurrenz wieder erworben haben, dürfte nicht zuletzt dem Umstande zuzuschreiben sein, daß der deutsche Passagier im allgemeinen das Reisen auf einem deutschen Schiffe vorzieht. Dem geringeren Anteil der deutschen Gesellschaften an der Beförderung nichtdeutscher Passagiere ab deutschen Häfen steht eine verhältnismäßig bedeutende Beteiligung an der Beförderung deutscher Reisender gegenüber. Soweit die eigene Tonnage nicht ausreicht, befördern Hapag und Lloyd ihre Passagiere mit den Dampfern der von ihnen vertretenen Gesellschaften, unter deren Passagieren während der vergangenen Jahre eine bedeutende Anzahl deutscher Reisender angenommen werden darf. Auch hier versagt die Statistik, so daß abschließend nur gesagt werden kann, daß die deutschen Reedereien mit Hilfe ihrer amerikanischen Freunde, deren Passagierzahlen zunächst als Verlust in der deutschen Schiffahrtsbilanz zu verbuchen sind, das deutsche Geschäft doch so sehr in der Hand behielten, daß mit einer Verkleinerung dieses Verlustes, wenn auch nicht gerade mit einer völligen Beseitigung gerechnet werden darf. Dies natürlich nur in der Voraussetzung, daß der deutsche Schiffsbau einerseits ohne Unterbrechung arbeiten kann und es andererseits der ausländischen Konkurrenz nicht gelingen sollte, ihre Beliebtheit beim deutschen Reisepublikum fortgesetzt zu steigern.

Hinsichtlich des südamerikanischen Verkehrs kann auf an früherer Stelle gemachte Ausführungen verwiesen werden.

Hiermit kann die Betrachtung der deutschen Passagierschiffahrts=
bilanz abgeschlossen werden. Einen Saldo zu ziehen, ließen die stati=
stischen Unterlagen nicht zu. Daß dieser Saldo jedoch als ein relativ,
das heißt für Deutschland privatwirtschaftlich günstiger vermutet
werden darf, glaube ich im vorigen dargetan zu haben.

II. Die Güterbeförderung.

Die Frachtschiffahrtsbilanz macht äußerlich einen bedeutend
weniger komplizierten Eindruck als die Bilanz der Personenschiffahrt.
In Wahrheit begegnen wir jedoch in der Bezifferung jener, ja sogar in
ihrer einfachen Erläuterung, bedeutend größeren Schwierigkeiten. Da=
durch, daß die Passagierbeförderung fast ausschließlich von der Linien=
schiffahrt betrieben wird, läßt sie sich leichter übersehen als die Güter=
verfrachtung, an der neben den Linienreedereien die Trampschiffahrt in
größtem Umfange sich beteiligt. Auch ist es vereinzelt möglich, die Her=
kunft von Passagieren mit gewisser Wahrscheinlichkeit zu bestimmen
und daraus herzuleiten, ob für ein Land eine Forderung bzw. Ver=
bindlichkeit entstehen kann. Das Ursprungsland von Gütern und die
Person, zu deren Lasten tatsächlich die Verfrachtung vorgenommen wird,
festzulegen, dürfte jedoch eine vollständige Unmöglichkeit sein. Daher
kann unter den gegebenen Verhältnissen auch hier nur die Aufgabe
gestellt werden, die Positionen der Kredit= und Debetseite in Kürze zu
erörtern mit dem Ziel, aus dem wenigen wirklich verwertbaren
Material ein möglichst deutliches Bild zu entwerfen. Deutschlands
Forderungen aus der Güterbeförderung auf dem Seewege rentieren in
der Hauptsache aus der

Verladung durch deutsche Schiffe (II, 1 a—c).

In unserem Schema führten wir unter a—c die Fälle auf, in
denen für Deutschland eine Frachtforderung entsteht. Diese Einteilung
in der folgenden Erörterung innezuhalten, erscheint aus klarliegenden
Gründen unangebracht. Eine Kontrolle, wann zum Beispiel die Ver=
frachtung zu Lasten des überseeischen Käufers geht und wann nicht,
ist nicht auszuüben. Man kann nur sagen, daß beim überseeischen Ex=
port die meisten Käufe als fob-Geschäfte getätigt werden. In diesen
Fällen trägt der ausländische Importeur die Fracht. Ein für die
Schiffahrtsbilanz interessierender Vorgang liegt also vor, falls die Ver=

ladung durch ein deutsches Schiff vorgenommen wird. Unser Schema kann auch hier nur als ein theoretisches begriffen werden, insofern man den Versuch machen wollte, die Praxis nach seiner Formel zu erfassen. Auch eine gesonderte Untersuchung der verschiedenen Verkehrswege dürfte nicht zum Ziele führen. Wir wissen zunächst nur, daß Deutschland heute nur einen Bruchteil seiner Vorkriegstonnage besitzt, daher seine vorkriegszeitliche Stellung als zweiter Frachtführer der Welt eingebüßt hat. Deutschland hatte vor dem Kriege eine Handelsflotte von über 5 Millionen tons; heute besitzt es eine Tonnage von nicht 1 Million tons. So wurde jene Position der deutschen Zahlungsbilanz (II, 1 c), die durch die Frachtführung zwischen fremden Häfen früher bedeutend war, verschwindend klein. Deutschlands Seeschiffahrt ist im Export und Import vollauf beschäftigt. Aber auch hier ist die Konkurrenz stärker als vor dem Kriege, insbesondere in den Nordseehäfen, die gleiche Erscheinung, die wir schon bei der Passagierschiffahrt feststellten. Im Jahrbuch des Deutschen Verkehrswesens (1922), 6. Teil, 1. Abschnitt, S. 453, wird festgestellt, daß die deutsche Schiffahrt von einer Gesamteinfuhr zur See von 53,5 Millionen Brutto-Register-Tons, 47,9 Millionen tons vor dem Kriege beförderte. 1913 trafen in Deutschland 79 593 beladene deutsche Schiffe an gegen 22 960 beladene nichtdeutsche Schiffe. Die 79 593 beladenen deutschen Schiffe führten 19 282 252 tons, die 22 960 fremden 12 501 509 tons. Das Verhältnis war:

1919: deutsche Schiffe	29 646	3 683 848 tons,
fremde Schiffe	4 133	2 909 857 „
1920: deutsche Schiffe	34 083	5 723 824 „
fremde Schiffe	5 242	5 177 960 „

Ausgehend war das Verhältnis wie folgt:

1913: deutsche Schiffe	70 421	16 705 015 tons,
fremde Schiffe	17 636	7 127 098 „
1919: deutsche Schiffe	20 848	2 541 193 „
fremde Schiffe	2 884	2 101 167 „
1920: deutsche Schiffe	23 341	4 028 584 „
fremde Schiffe	3 983	4 342 559 „

Das starke Anwachsen der Frachtmengen, die unter fremder Flagge befördert werden und zwar trotz der relativ geringen Zahl der ausländischen Schiffe, ist auf die Wiederbelebung der Nordseehäfen zurückzuführen, in denen sich die nichtdeutsche Großschiffahrt in fortgesetzt gesteigertem Maße seit 1920 betätigt.

In Hamburg kamen an:

1920: 4808 Seeschiffe mit 4 485 833 tons (inkl. von Deutschland)
1921: 8401 „ „ 9 421 487 „ „ „ „
1922: 10 787 „ „ 12 979 000 „ „ „ „

Von Hamburg gingen aus:

1920: 5096 Seeschiffe mit 4 453 257 tons (inkl. nach Deutschland)
1921: 9842 „ „ 9 442 765 „ „ „ „
1922: 12 782 „ „ 12 303 000 „ „ „ „

Anteil der deutschen Schiffahrt an diesem Verkehr:

1920: zirka 64,9 % der Seeschiffe zirka 24,5 % der Tonnage,
1921: „ 59,3 % „ „ „ 21,1 % „ „

Trotz eines starken Anwachsens des Hamburger Verkehrs von 1920 auf 1921 ist demnach doch ein Rückgang der deutschen Flagge in ihm zu konstatieren. Grund hierfür ist, daß der Zuwachs in erster Linie der überseeischen Verkehrsentwicklung zu danken ist, an der die deutsche Schiffahrt bekanntlich nur zu einem kleineren Teil partizipiert infolge ihres Mangels an Dampfern mit großem Tonnengehalt.

Für die anderen bedeutenderen deutschen Häfen ergeben sich für 1920 und 1921 folgende Anteile der deutschen Flagge an dem Gesamtseeverkehr dieser Häfen:

Bremen (inkl. Bremerhaven):

1920: zirka 85,2 % der Seeschiffe zirka 52,8 % der Tonnage,
1921: „ 69,6 % „ „ „ 28,1 % „ „

Emden:

1920: zirka 93,8 % der Seeschiffe zirka 68,8 % der Tonnage,
1921: „ 90,5 % „ „ „ 60,3 % „ „

Lübeck:

1920: zirka 72,2 % der Seeschiffe zirka 69,08 % der Tonnage,
1921: „ 69,2 % „ „ „ 63,8 % „ „

Stettin:

1920: zirka 82,2 % der Seeschiffe zirka 81,7 % der Tonnage,
1921: „ 77,3 % „ „ „ 73,3 % „ „

Königsberg:
1920: zirka 92,3 % der Seeschiffe zirka 94,7 % der Tonnage,
1921: „   91,2 %   „   „   „ 91,4 %   „   „

Aus vorstehender Übersicht geht hervor, daß überall, und zwar auch in den Ostseehäfen, deren Gesamtverkehr 1921 gegenüber 1920 größtenteils nachließ, die deutsche Flagge zurückgedrängt wurde. Für die Position II, 1 a und b (c wurde schon an früherer Stelle kurz erörtert) unserer Bilanz ergibt sich daher relativ ein Rückgang, auch wenn man berücksichtigt, daß, insbesondere beim ausgehenden Verkehr der Nordseehäfen die deutschen Schiffe bevorzugt wurden und werden und zwar aus nationalen, aber auch aus Kalkulationsrücksichten. Diese rechnerische Rücksicht dürfte um so mehr zurücktreten, je stärker die Schiffahrtsabmachungen auch auf das Gebiet des Frachtgeschäftes hinübergreifen.

All diese Erwägungen erörtern gleichzeitig die nächste Position unserer Schiffahrtsbilanz, die Verladung durch nichtdeutsche Schiffe (II, 2 a—d). II, 2 a, b, d verbuchten wir als Provisionsforderung auf der Kreditseite der Bilanz.

II, 2 a: Provisionsforderung beim cif-Export aus Deutschland auf nichtdeutschen Schiffen. Dieser Fall dürfte wohl im allgemeinen seltener vorkommen. Wir können ihn summarisch behandeln mit den Fällen II, 2 b und d, in denen gleichfalls ein Inländer, Spediteur und (oder) Frachtvertretung, gegenüber dem fremden Schiffseigner provisionsberechtigt ist. Das Problem führt jedoch wiederum zu der Frage, die wir vom entgegengesetzten Standpunkt aus bereits erörterten: Anteil der fremden Flagge am Seeverkehr der deutschen Häfen. Denn eine Bezifferung der Forderungen ist auch hier unmöglich, noch unmöglicher als beim Parallelfall auf dem Gebiete der Personenbeförderung, bei dem wir wenigstens wissen, wie hoch die Agentenprovision, Abfertigungsgebühr bei „Prepaids" usw. anzusetzen sind. Das Fracht- bzw. Speditionsgeschäft kennt bezüglich des Vermittlers keine so bestimmte Fixierung seines Verdienstes. Wir können nur unter Hinweis auf die oben gegebene tabellarische Übersicht vermuten, daß Deutschland als Spediteur einen bedeutenden Nutzen hat, der seine Entstehung der Position II, 2 a und c unserer Bilanz verdankt und in seiner Größe proportional dem Verlust dieser Position entspricht.

Die Positionen A, III—VII und B, I—II unserer Bilanz sind für diese Betrachtung von größter Bedeutung. Auf ihre gesonderte Er-

Der Einfluß der Seeschiffahrt auf Deutschlands Zahlungsbilanz. 75

örterung muß jedoch aus naheliegendem Grunde verzichtet werden. Allgemein darf von ihnen behauptet werden, daß es eine Kontrolle über sie unter den heutigen Materialverhältnissen nicht geben kann. Wir müssen uns damit begnügen, die einzelnen Forderungen und Verbindlichkeiten einander gegenübergestellt und hierdurch wenigstens eine Scheidung der für ein Land gewinn- und verlustbringenden Vorgänge gegeben zu haben, die mit der Seeschiffahrt in unmittelbarem oder mittelbarem Zusammenhang stehen. Daß Gewinn und Verlust aus Hafenabgaben, Reparaturen, Materialbeschaffung, Bergelöhnen usw. in ihrer Größe dem im Verkehr befindlichen Schiffsraum entsprechen, bedarf keiner Erwähnung. Man kann sogar paradoxerweise sagen, daß Deutschlands kleine Flotte hier schiffahrtsbilanzmäßig einen Gewinn bringt oder vielleicht die Passivität des endgültigen Saldos verkleinert. Nicht so im Falle der Position III. Auf dem Gebiete der überseeischen Postbeförderung ergibt sich durch den Mangel an deutschen Postdampfern, insbesondere im Verkehr nach Nordamerika, ohne Zweifel ein erheblicher Verlust. — Die Frage der Mannschaftslöhne spielt zurzeit keine so bedeutende Rolle, da zum Beispiel die englischen Reedereien noch keine deutsche Mannschaft wieder einstellen, was ja auch umgekehrt deutscherseits noch befolgt wird.

Unter B stellten wir bilanzmäßig die Forderungen und Verbindlichkeiten einander gegenüber, deren Entstehen mittelbar auf die Seeschiffahrt zurückzuführen ist, deren Bedeutung für die Zahlungsbilanz jedoch nicht unterschätzt werden darf, obwohl zum Beispiel hinsichtlich der Geldeinfuhr und -ausfuhr deutscherseits heute noch Beschränkungen bestehen. Bei einer stärkeren deutschen Auswanderung spielt zum Beispiel die amerikanische head tax von 8 Dollar, insbesondere unter den heutigen Valutaverhältnissen, eine bedeutende Rolle. Umgekehrt ist der Gewinn Deutschlands durch einen starken Fremdenverkehr aus Übersee von größter Wichtigkeit und zwar nicht nur im Hinblick auf die Sonderbesteuerung, sondern mit Rücksicht auf die Entwicklung des gesamten Verkehrsgewerbes im weitesten Sinne.

Zuletzt noch ein Hinweis auf die Bedeutung der Geldsendungen, die, vielfach durch Vermittlung der Reedereien, von ehemaligen Auswanderern der früheren Heimat zukommen. Ich konnte bei einer bedeutenden Schiffahrtsgesellschaft die Zahlen ihres „Money order"-Geschäftes für Deutschland für diese Aufgabe ermitteln. Das Unternehmen leitete von Nordamerika nach Deutschland:

1920: 15 424 249 Mark,
1921: 13 639 539 „
1922: 56 812 221 „
1923: 294 976 075 „ (1. I. bis 30. IV.).

Diese Zahlen stellen natürlich nur einen kleinen Teil dieses Geldverkehrs dar.

In den fast 12 Monaten, die zwischen der Niederschrift dieser Arbeit und ihrer Drucklegung vergangen sind, haben die wirtschaftliche Entwicklung und die Fortführung der Statistik viel neues Material geliefert, das in den praktischen Teil dieser Arbeit ergänzend und verändernd einzusetzen wäre. Ich glaube jedoch, daß dies geschehen könnte, ohne einen Widerspruch in theoretischer Hinsicht zu verursachen.

Der Verfasser, im März 1924.

Printed by Libri Plureos GmbH
in Hamburg, Germany